JN208091

投資で2億稼いだ
社畜のぼくが
15歳の娘に伝えたい
29の真実

東山一悟

JTBパブリッシング

目次

2章　投資を始める際に　065

3章　ぼくの投資術　123

4章　資産形成の心構え　187

はじめに

30年近く続けた社畜人生が、たった一言で終わるとは思ってもみなかった。

「東山さん、会社はあなたを必要とは思っていません」

目の前に座るぼくより年上の男は言い放った。知らない仲ではないのに眼鏡の下の表情は一つも変わらない。

ぼくの頭の中で、いろいろな思いがぐるぐると回った。

2019年秋の昼下がり。ぼくは勤務先の都心にある、古いビルの暗い地下室に会社の幹部から呼び出された。壁を一枚隔てた先にはレストラン街があり、会社員らがランチを楽しんでいる。だが、ぼくは暗闇の中に狭い部屋が並ぶ一角にいた。外部から閉ざされ、おそらくこのビルの中で一番暗い気持ちになっていた。

リストラ（早期退職）の対象になったのだ。

勤務先のメディア企業では、業績不振から早期退職募集が発表された。出世街道から外れていたものの専門的な分野があり、副部長という立場で仕事を任され、専門分野の共著を出すなど実績はあった。すでに面接に呼ばれた他の同僚と違って、評価されているのではとの甘い見込みもあった。

そもそもぼくの会社員人生は社畜と言ってもいい。株式バブルは崩壊したとはいえ、採用はまだ緩かった。1991年に入社したころは、「24時間戦えますか」がスローガンの世界。大手メディア企業に入社したというだけで、天下をとったような大きな気分になれた。

当初は同僚と一緒の部屋に住まわされ、午前7時から深夜0時まで働いた。最初の2週間は無休で、ようやくもらえた休みの日も、仕事に活用できるような休みにしろという無理難題。メディアという仕事上、そうした生活はずっと続き、副部長になっても正月もゴールデンウィークも関係なく、週2回は午前7時まで働かなければならなかった。

幸い、ぼく自身は無理な上司に当たらなかったし、途中から自分のペースを覚えたから大病はしなかったけれど、周囲には心身を壊した人が何人もいる、まさに社畜生活を30年近くも送ってきた。それだけ会社に尽くしたのだから、会社も無慈悲なことはしないだろうという淡い期待があった。

そのころ、ぼくは84歳の老母を一人で介護するため、妻と小学5年生の娘を置いて実家に戻りつつも、娘の面倒を妻と一緒に見ていた。3000万円30年ローンでマンションを2年前に買ったばかり。介護、教育、住宅ローンの三重苦。

その中で、リストラで放逐されてしまう。

そうした個人の事情に一切配慮せず、戦力外と判断したなら切り捨てるのが企業というもの。サラリーマンとしては完全な負け組だ。リストラはあくまでも勧告であり懲戒解雇ではない。断固拒否して会社にしがみつくという選択肢もあった。

でも、その場合はやりがいのある仕事を奪われ、周囲からもバツマークをつけられた感じで扱われるだろう。年収800万円にしがみつくために、自分の魂を捨ててもいいのか。

自問自答したときに、若い時の上司の言葉を思い出した。

「会社に利用されるのでなくて、会社を利用して働きなさい」

ぼくを評価しない会社のために、気持ちを押し殺して働き続けるなんてありえない。それよりは、早期退職で割増退職金をもらえることだし、ぼくにとってこれ以上、この会社に利用価値はないと判断した方がまし。そう考えたぼくは、早期退職をその場で受け入れた。

退職は翌2020年2月末。それまでの社内外のネットワークから再就職はすぐに見つかるはずだった。

だが、新型コロナウイルスの蔓延で状況は一変した。

「東山さんのような経験を持った方にぜひわが社で働いてほしい」と言ってきた複数の会社はコロナを理由に一転、不採用となった。転職エージェントやハローワークで応募しても50歳という年齢がネックになり、お祈りメールの山。50社以上も面接すら受けられず、転職エージェントのアドバイスで履歴書を書き直しても効果はなかった。

けれど正直なところ、焦りはなかった。

それまでに投資で蓄えた資産があったからだ。

新型コロナウイルスの蔓延で学校は休校、訪問介護の人も来にくくなった。妻はフルタイムで働いており、ぼくが介護と娘の勉強を見ることに。退職金も含めた資産で、FIRE（Financial Independence, Retire Early、経済的に自立して早期退職）をしようと決意した。

ここで予想外の問題が起きた。

なんと娘が学校の「将来の夢」というテーマの作文に「ニートになりたい」と書いていたのだ。

驚いて娘に問いただしたところ、「お父さんだって働いてないし、私と遊んだり、ゲームしたり毎日楽しそうじゃん。そんなのずるい」とやりこめられる。「ぼくは自分で稼いだおカネがあるけど、君は自分で稼げないでしょ」と言っても響かない。

これは働く父親の姿を見せないとまずい。

今まで以上に真剣に職探しを始めたぼくは、ハローワークに通いつめ、社員数も売上高も前の会社の100分の1以下の零細企業にどうにか入社が決まった。年収は3分の1に激減。それでも、自分の経験、知識をいかせるメディアの一角なので満足している。

それから5年。

今のぼくは好きな仕事をストレスなくお気楽にするサイドFIRE生活（経済的に自立しているので好きな仕事を無理なく実施）を満喫。無理のない投資が中心だったにもかかわらず、金融資産は2億円を突破して富裕層の仲間入り。費用を気にせず、

趣味の映画鑑賞や外食、旅行など好きなことに時間を費やしている。

さらに、世の中に尽くすために私財から寄付を行い、２０２３年には天皇陛下から紺綬褒章を頂く栄誉にあずかった（**写真。一部加工**）。平凡な社畜サラリーマンで負け組に転落したぼくが、わずかな期間で幸せいっぱいの富裕層の勝ち組に大逆転したといえる。

資産２億円のうち、投資信託（投信、ファンドともいう。３章で詳しく紹介）が１億１０００万円、株式が５０００万円、個人向け国債が２０００万円、ＭＲＦ（短期公社債投資信託、証券会社に預ける預金のようなもの）と銀行預金が２０００万円、学資保険の返戻金が３００万円。投資信託と株式は各30

銘柄ほど持っている。それから、これは娘名義だがジュニアＮＩＳＡ（ＮＩＳＡとは「少額投資非課税制度」の略称。３章で詳しく紹介。なおジュニアＮＩＳＡは２０２３年で新規投資終了）の残高も１０００万円近くに上る。

最近の株高でサラリーマンでも億り人（金融資産1億円以上の人）が増えてきた。しかし、その中でもぼくは落ちこぼれの社畜で、ここまで失敗や迷いも多かった。そんなぼくがなぜ資産2億円を達成できたのか。

運が良かったとはいえ、特に難しいことをしたわけではない。ただ、昔のぼくみたいに偏差値の高い学校を出て、有名な企業に就職して出世することが人間の価値だと信じていたらなしえなかっただろう。

幸い、今は中学3年生、15歳になった娘との仲は良好。残念ながら勉強はそれほど興味がないようなので、ぼくが得意とするおカネのことを中心に、投資や資産形成、そして生きるために必要な29の真実についてアドバイスをしたい。それは特別なことでなく、多くの人の参考になるだろうから。

ちなみにこの本は4章構成になっている。若い人やこれから投資を考えている人は1章から読んでほしい。しかしすでに投資を始めている、あるいは手っ取り早く投資のことを知りたい人は2章や3章から読み始めていただいても構わない。

なお個別の銘柄、ファンドを文中で記載するが、個人の感想であり投資はあくまでも自己責任であることを肝に銘じておいてください。

東山一悟が保有する金融商品

●株式

- **アサヒＧＨＤ**　ビール会社大手アサヒビールの親会社
- **伊藤園**　お茶や清涼飲料大手。優待で飲料をもらえる
- **ジェイフロンティア**　健康食品やオンライン医療のベンチャー
- **クリエイトＳＤＨＤ**　ドラッグストア大手。近所に店があり優待で割引券
- **ウィルプラスＨＤ**　ＢＭＷやボルボなど外車販売代理店。高配当株
- **南海化学**　独立系化学メーカー。学校やサウナで使う塩も扱う
- **ＪＤＳＣ**　東大と協力してＡＩを活用するＩＴベンチャー
- **ENEOSHD**　石油元売り大手。水素など脱炭素事業にも注力
- **ANYCOLOR**　VTuberグループ運営大手。急成長の最中で世界への脱皮を期待

・**日本製鉄**　鉄鋼国内首位。高配当。脱炭素事業にも注力
・**住友電工**　電線首位。光ファイバーなど通信網整備で成長中
・**PILLAR**　大正時代に水漏れ防止で発明したパッキンが半導体製造で大活躍
・**ソシオネクスト**　富士通とパナソニックの半導体部門が統合。技術力が高い
・**三桜工業**　自動車部品メーカー。冷却装置は生成AI向けデータセンターに使用も
・**HOYA**　コンタクトレンズが有名だが、半導体製造で不可欠な部品も
・**ワークマン**　低廉で高品質の衣服を販売。女性服などにも進出
・**梅の花**　豆腐料理店。近所に店があり優待目当て
・**広済堂HD**　祖業は印刷業だが、東京23区の火葬場の7割を所有。高齢化時代の株
・**伊藤忠商事**　大手商社。非財閥系で傘下にファミリーマートも
・**三菱UFJFG**　国内最大の民間金融機関。金利のある時代向け
・**三菱地所**　不動産大手。横浜市に巨大テーマパークを計画
・**小田急電鉄**　私鉄大手。優待券目当て。新宿再開発に期待
・**日本郵船**　海運国内首位。海に囲まれた日本では重要

・**人・夢・技術G**　大手建設コンサル。橋や災害復旧事業に強み

・**関西電力**　原発再稼働で業績向上。電気は日常生活に不可欠

・**ソフトバンクG**　通信会社だけでなく巨大なAI投資会社の面も。株主総会での孫正義会長兼社長の話が楽しみ

●投資信託

※売却益の税金を嫌い、昔買った投信をそのまま持っているため種類が多い。セミナーなどで興奮して買ってしまったものもあり、やがては整理したい

◆ETF

・**NEXT FUNDS NASDAQ-100（為替ヘッジなし）**　米NASDAQ市場大手100社に連動する野村アセットマネジメントのETF。最近の株高で購入時の10倍の値段に

・**VANGUARD TOTAL WORLD STOCK ETF**　米バンガードの全世界株式ETF。低コストのインデックスファンドが登場する前は究極のETFといわれた

・**MAXIS 海外株式（MSCIーコクサイ）上場投信**　三菱UFJアセットマネジメントの日本を除く先進国向けのETF。低コストのインデックスファンドの登場で存在感が薄れた

・**SPDR S&P500 ETF**　米ステート・ストリート・グローバル・アドバイザーズの全米株式ETF。世界最大のETF

◆**インデックスファンド**

・**eMAXIS Slimシリーズ　全世界株式（オール・カントリー、通称「オルカン」）／先進国株式インデックス／新興国株式インデックス／国内株式（TOPIX）**　三菱UFJアセットマネジメントによる低コストのインデックスファンドシリーズ。オルカンも持っているが、個人的に強化したい資産アセットを追加で購入している

・**eMAXIS 新興国株式インデックス**　Ｓ－ｉｍシリーズ発売以前の投信。旧ＮＩＳＡで購入したので満期となる２０２５年末まで保有予定

・**iFreeNEXT FANG+インデックス／iFreeNEXT NASDAQ100インデックス**　大和アセットマネジメントによるアメリカのハイテク株連動のファンド。購入当時、他社に同様のファンドがなかったため購入

・**〈購入・換金手数料なし〉ニッセイ外国株式インデックスファンド**　これもＳ－ｉｍシリーズ発売以前の低コストファンド

・**SBI・V・S&P500インデックス・ファンド**　ＳＢＩアセットマネジメントによる低コストの投信

・**EXE-i 全世界中小型株式ファンド**　オルカンは世界の大企業に投資するけど、これは世界のより小さな企業に投資するから

・**三井住友TAM-SMT アジア新興国株式インデックス・オープン**　三井住友トラスト・アセットマネジメントが提供。新興国の中でもアジアに絞った低コストファンドはこれだけ

・**三井住友TAM-日経225インデックスe**　購入当時最低コストのインデックスファンド

・**NZAM・レバレッジ　米国株式2倍ブル（S&P500）**　農林中金全共連アセットマネジメントによるS&P500の動きの2倍となるレバレッジファンド。大儲けすると夢中になりつい買った

・**野村インデックスファンド・新興国株式**　旧NISAで購入当時は、最安クラスのファンド

・**楽天・全米株式インデックス・ファンド**　楽天ポイント目当てに購入したが、ポイントサービス購入でその意味は薄れてしまった

・**楽天レバレッジNASDAQ-100（愛称「レバナス」）**　珍しくインフルエンサーの動画を見て購入。こういうハイリスクファンドは自分に合っていなかった

◆アクティブファンド

・**GCIエンダウメントファンド（成長型）**　ヘッジファンドなどオルタナティブな資産にも投資する投信。セミナーで社長の話を聞いて購入

・**農林中金〈パートナーズ〉長期厳選投資　おおぶね**　運用は農林中金全共連アセットマネジメントの米国企業対象の投信。セミナーで購入を決意

・**なかの世界成長ファンド**　なかのアセットマネジメントが運用する全世界株式の投信。社長と話して購入を決意

・**フィデリティ・欧州中小型株・オープン　Bコース（為替ヘッジなし）**　1998年に投資を始めた時に初めて購入した米フィデリティによるファンド

・**鎌倉投信「結い2101」**　独立系の日本株投信。社会貢献にも熱心でセミナーで購入を決意

・**ひふみ投信**　レオス・キャピタルワークスが運用する独立系の日本株メインのファ

ンド。「草食投資隊」で話を聞いて購入を決意

・**コモンズ30ファンド**　独立系の日本株ファンド。社会貢献にも熱心で、草食投資隊で話を聞いて購入を決意

※全て2024年11月現在

本書に挙げる数字や制度などは、特に記述がない限り、原則として2024年11月現在のものです。また1ドルは150円で計算をしました。なお本書は投資の利益等を約束するものではありません。

1章

投資が必要だ

第１の真実
おカネに良いも悪いもない

生きていくうえでおカネが必要なことはいうまでもない。

だけど、おカネの話は面倒くさい、おカネがあっても不幸な人もいっぱいいると娘は口を尖らせる。これは多くの人が思うことだろう。ドラマや映画ではたいていお金持ちは嫌味な悪役か、貧乏な主人公に振り回される愚かな役だ。

でも、現実ではどうだろう。

ロシアのウクライナ侵攻や中東情勢の悪化もあり、日本では40年ぶりのインフレにみまわれている。光熱費の高騰や食料品の値上げが家計を直撃している。多くの人が「おカネがもっとあれば」と思っているのではないか。

日本銀行が２０２４年10月に発表したアンケートでは半数以上の人が「生活にゆとりがなくなってきた」と回答。「ゆとりが出てきた」人はわずか５％だ。おカネがないと幸福感どころか健康を害することがある。２０２４年の夏は記録的な猛暑で、熱中症の被害者も記録的に多かった。もし、電気料金の値上げを気にせずにエアコンを使っていたら、救われた人もいただろう。食事も世界的に貧困層の方がジャンクフードを多くとり、生活にゆとりがあれば健康に留意したものをとるようになる。

さらに次世代につなぐ教育費も同様だ。東京大学の学生生活実態調査（２０２１年）によると、回答があった学生の親の５割以上が世帯年収９５０万円以上という。日本の平均世帯年収５４５・７万円の２倍近く。塾や習い事にお金をかけるとともに、十分に勉強できる子供部屋、仕事に優秀で熱心な親（残念ながらぼくは違ったが）から与えられる文化的背景など、有形無形のものが次の世代を育てる。

逆に貧困の連鎖という言葉があるように、親の貧しさは単に遺産がないという以上に、子供の考え方、慣習にも影響を与える可能性が大きい。

嫌味に聞こえるかもしれないが、資産が２億円あれば、１９３円のカップヌードルが２３６円に値上げされてもどうってことない。我が家では暑くても我慢してエアコンを切ることもなければ、冬は寒ければ我慢せずにストーブを焚けばいい。子供も塾や習い事ができる。

おカネがあるからこそ、おカネに振り回されることがなく自由に、安全に生活できる。でもおカネがなければ自分の生活、場合によっては健康に害を与える危険がある。

そもそもおカネそのものに良いも悪いもない。もし、金持ちのイメージが強欲で悪人というのならば、それは単にその人のおカネに対する向き合い方が下手なだけだ。

実際、ぼくはリストラにあったわけだが、以前と生活レベルは変わっていない。それどころか、最近は株高で資産が大幅に増えたために、プチ贅沢もするようになった。

大きな声で強調したいのは、リストラされても関係ないくらいおカネがあったから大丈夫だったということだ。

東京商工リサーチによると2024年上半期に、早期退職募集が判明した上場企業は36社（前年同期比50％増）、対象人員は5364人（同3・6倍）に上る。通年では1万人を突破する勢いだ。ソニーグループ、資生堂、オムロンなど業種を問わず一流企業が次々とリストラをしている。

しかも、このうち95％の5126人は勤務先が黒字なのにリストラとなった。また、かつてはぼくのような50代のバブル世代がリストラ対象の中心だったが、今やその下の就職氷河期世代もターゲットにされており、終身雇用は過去のもの。会社が社員を守ってくれないから、社員は自分で自分の身を守るしかない。

そのための最大の武器がおカネだ。

実は資産を増やす原理原則は非常に簡単なこと。それは「使うおカネよりも増やせばいい」のだ。その差が増えれば増えるほどお金持ちになるけれど、生涯を通じて1円でも黒字で、無理な倹約などしないで満足した人生を過ごせれば、それは幸せなことだろう。

そして、それを実行するには簡単な公式が三つある。

一つ目は**「使うお金を減らす」**、二つ目は**「入ってくるお金を増やす」**、三つ目は**「お金に働いてもらう」**。この本では、それぞれぼく自身の体験を交えながら、補足していく。

第2の真実
倹約より大切なこと

資産を増やすための三つの原則の、最初の一つは「使うお金を減らす」だ。

要するに節約するということなのだが、倹約本の著者やＳＮＳの運営主は、ぼくより若い人が多いように見える。ぼくが50代半ばになってつくづく思うのは、どんなにおカネがあっても時間は巻き戻せないということ。気力、体力、感受性などは若いころがピークだ。

友人や恋人を作るにしても、若い方が容易といえよう。将来のおカネが不安だと節約しすぎて、こういう大切なことを忘れてしまう、なんてことがないようにしてほしい。

節約の世界には「ラテマネー」という言葉がある。スターバックスの「ラテ」を飲むような、ちょっとした贅沢が積もると結構な額になるので金持ちになれないというものだ。

スタバのラテが500円として、平日の出勤途中に毎日飲んでいるのをやめれば月1万円、年間では12万円の節約になる。近年、値上げが著しいタバコもそうだ。タバコ代を節約して投資に回す方がはるかに合理的だ。もっともぼくは喫煙者ではないので禁煙のつらさはわからないけど。

ただ、朝、さあ仕事だと切り替えるためにスタバのラテを飲んだり、タバコを吸ったり。それぞれプライスレスな喜びはあるし、精神的なメリットがあるならば無理に節約する必要はないだろう。

それこそ、若いころはある程度、投資におカネを回せたら残りは無理に節約しないで、自分の好きなように使ってほしい。

ぼくの母は5年ぐらい外出もままならないまま、亡くなってしまった。年をとって病気で動けなくなるとおカネはもとより、モノも体験もどうでもよくなる。もちろん、介護費や医療費は必要だが、それだって保険や高額療養費制度で何とかなる。

もし、タイムスリップして寝たきりの母にぼくが1000万円をあげても、本人はちっともうれしくなかっただろう。それよりはもう一度歩いて外に出かけ、友人や家族と楽しい思い出を作る方がよかったはずだ。

一方、現役世代にとって1000万円は大金。いくらでも使い道があるはずだ。人生100年時代とすれば、15歳だとあと85年は生きることになる。さすがに未成年のうちは、親の監督が必要だけれど、18歳を過ぎたら、自分で考えて使ってほしい。その思い出、体験こそ年をとって、おカネでは代えがたい貴重なものになる。

だからぼくは、まず**「倹約は大事。でも、若いうちにできることはしておこう」**といいたい。

第3の真実
働き方を考える

資産を増やすための三つの原則の、2番目は「入ってくるお金を増やす」だ。

一番簡単なのは勤務先で出世して給料を増せばいい。出世しなくても勤務先が利益をたくさん上げればボーナスが増えるから、それに貢献する働き方をすればいい。

日本人はかつてエコノミックアニマルといわれて、会社人間ともいわれた。ところが不思議なデータがある。

世界最大の人材会社、ランスタッド（本社オランダ）がコロナ前の2019年に行った調査によると、「仕事に満足している人」は42%と世界最低だった。トップのインド（89%）の半分以下。先進国でもアメリカの78%、イギリスの74%、ドイツの71%と比べても非常に低かった。逆に「不満足」は21%と、インドの3%、アメリカの6%、イギリスの7%などと比べて格段に多い。一方で、「仕事を変えようと探している」人は5%しかいなかった。つまり、仕事に満足していないけれど、転職もしないという人が大部分というわけだ。

仕事に満足していないということは、給料にも満足していないということだろう。不平不満を持ちながら給料が大きく上がるとは考えにくい。勤務先がケチで一生懸命働いても給料が上がらなかったり、ブラックな仕事を押し付けられたりするようだったら、さっさと見切りをつけて転職すればいい。この空前の人手不足の時代なら、特に30代以下だったら前より条件の良い働き口を見つけることはそれほど難しくない。ところが、日本では文句はあっても我慢するという人が多い。これでは給料アップにはつながらない。

さらに出世に対する意欲も薄れてきている。「転職サイト比較ｐｌｕｓ」が２０２2年に発表した出世欲に対する意識調査では、20代のうち今後出世したいと考えているのはわずか22％。理由は「責任のある仕事をしたくない」「プライベートを大事にしたい」「目立ちたくない」の順番。出世して給料が上がっても、ワーク・ライフ・バランスが崩れては意味がないし、精神的なプレッシャーも嫌だというわけだ。

もちろん、個人の意識調査であり、それが良いとも悪いともいえない。ただ、出世しておカネが増える可能性は昔に比べて減っているといえる。

そもそも、長らくデフレだった日本では、企業の内部留保がたまっても賃上げにはつながってこなかった。政府の後押しやデフレからインフレへの転換もあって、ようやく2024年の春闘では33年ぶりに5％以上の賃上げとなったが、インフレの影響を差し引いた実質賃金は2024年5月まで史上最長の26カ月マイナスとなった。

つまり、**インフレに負けないぐらい本業で給料を上げるというのは、会社が支給する賃上げ面でも、労働者の意欲面でも難しい**ということだ。

最近では副業OKの会社も増えている。しかし、パーソルキャリアの2024年の実態調査によると、副業をしている人はわずか8％。そもそも副業が認められている人が全体の4分の1しかいないし、半数は月に1万円未満の収入にしかなっていない。

専門性をいかして知識やノウハウを副業として高額で売りに出せる「スポットコンサル」「プロシェアリング」といったサービスも出ているが、副業内容として多いサービス業（コンビニバイトなど）、ネットビジネス（通販やアフィリエイト）などでは、収入はたかがしれている。

フランスの経済学者、トマ・ピケティ氏の著書『21世紀の資本』（山形浩生、守岡桜、森本正史訳・みすず書房）は世界的なベストセラーになり、2014年に日本語版が出た際は専門的な内容にもかかわらず大ヒットとなった。

そのなかで最も知られているキーワードは「r＞g」というもの。これは資本収益率（r）は経済成長率（g）より大きいということで、ざっくりいえば、株式などの不労所得の方が経済成長率より大きい、富は資本家に蓄積され格差は拡大していくということ。

つまり、**「入ってくるお金を増やす」を給料アップで対応するのには、今の社会では限度がある**ということだ。

AIの進化も脅威だ。2024年6月、ソフトバンクグループの株主総会で創業者の孫正義会長兼社長は「今後10年以内に人間の1万倍の能力を持ったAIが登場するだろう」との予測を述べ、そうなった場合、人間が働くことの意味が根本から変わるために、個々人が考えなければならないと訴えた。

今、高給を取っている外資系のコンサルタントや金融機関の従業員、弁護士などが、AIで代替される可能性が出てきた。これまでの機械化、IT化というのは工場でのロボット設備のように、現場労働を代替するものだった。今後はホワイトカラーの領域もAIに置き換わっていく。英オックスフォード大学が2013年、AIにより47%の仕事がなくなると予想して、衝撃が走った。そうした未来がすぐそこまで来ている。

実際に孫氏は、自分のアイデアが正しいかどうか、生成AI同士に議論させてチェックしているそうだ。従来はコンサルの仕事だったものが奪われているということだ。AIの進化がどうなるかはわからないけれど、孫氏によるとこれまでは人間によってAIが進化していったが、AIによってAIが進化するようになり、加速度的にスピードが速まっているという。そう考えると、これからの仕事は収入を大きく増やすことよりも、自己実現や社会貢献のためと考えたほうが良いのではないか。

だから、「入ってくるお金は増やすべし。ただし、働き方は考えよう」。言い換えればおカネの増やし方の3原則のうち、3番目の「お金に働いてもらう」＝投資をすることの重要性が従来以上に増してくるということだ。

第4の真実
インフレに転換

3原則の最後の「お金に働いてもらう」は、はっきり言うと投資をすること。投資というと怖いイメージがあるかもしれない。それでも、普通の人がお金持ちになるには非常に重要な方法だ。

大谷翔平選手のように特殊な能力があって何百億円も収入があるならば投資をしなくてもいいだろう。そこまでいかなくても外資系金融機関で年収1億円、でも支出は8000万円で抑えられるという人がいるなら、投資をしなくても毎年2000万円はたまっていく。

だけど、残念ながらそういう人はごくごくわずか。改めて、**「お金持ちになるには正しい投資が必要だ」**ということをしっかり理解してほしい。

金融庁が2024年7月に発表した調査によると、投資をしない理由として最も多いのは「資産運用に関する知識がない」、第2位は「余裕資金がない」、第3位は「損することが不安」だ。これらを言い訳にして投資をしない人が多い。

実はこれまでのデフレ時代は投資をしなくても良かった。

念のためここで改めてデフレと、その反対のインフレについて押さえておきたい。

デフレは物価が下がり続けて現金の価値が高くなる。一方、インフレは物価が上がり続けて現金の価値が低くなる。デフレの時代は100万円の自動車が90万円、80万円と下がっていく。だから、自動車を買うよりも100万円持っていた方が、自分の持つ資産の価値は高まる。逆にインフレの時代は100万円の自動車が110万円、120万円と上がっていく。つまり、100万円で買えたものが来年には買えなくなる。ぱっと聞いたところ、デフレの方が良いのではと思うかもしれないが、実はそうではない。

なぜならデフレだと会社が儲からず、成長できない。100万円の商品が80万円になると儲けが出ないのはすぐにわかるだろう。逆に120万円になったら儲けが出る。儲かるから社員の給料も上がるし、製品をもっとたくさん作ろうとなって、そこからさらに儲けが出るという好循環が始まるのだ。

反対にデフレだと儲からないから給料を引き下げ、生産も減らすことになる。会社が儲かって成長しなければ今いる社員の給料も上がらないし、新入社員を入れるわけにもいかない。デフレの時代にはブラック企業と呼ばれる企業が強かったわけだ。安い給料でこき使っても、社員は会社を辞めたら次の就職先が見つからないことを恐れてなかなか辞められない。

しかし、インフレになって景気が良くなると、あちこちの会社が人材を得るために給料を引き上げる。特に日本は少子高齢化が著しいから若い人ほど有利だ。

業績の良い大企業がこぞって新入社員の給料、初任給を引き上げているニュースは誰もが知っているだろう。能力があれば、大学を卒業してすぐに年収1000万円も可能な時代となっている。

*

さて、デフレだとおカネが強くなる。投資をしても投資先の企業が儲からないから株価はなかなか上がらない。むしろ損をするケースもある。

日本の代表的な株価の指数、日経平均株価は1989年12月に3万8915円をつけた後、デフレとともに下がりっぱなしだった。2009年3月には7054円と5分の1以下になってしまった。こういう時代は、日本企業への投資よりも、銀行にお金を預けた方が良かった。利子がほとんどつかなくても、物価が下がる分だけ儲かるから、現金や預金をする方が合理的だった。

そして、一番有利なのは高度経済成長期やバブルのころに現役世代としてしっかり稼ぎ、多額の預貯金を持っている高齢者だった。銀行金利が低くても物価が下がっているからおカネを持っている人が一番強い。

まさに「キャッシュ　イズ　キング」だ。

若い世代はデフレのせいで給料が上がらないから、追いつくことができない。

そのようななかで２０１２年12月に誕生した第２次安倍晋三政権は、このままデフレが続くと日本経済は低迷して、若者をはじめ多くの国民が大変になると考えた。そのため「アベノミクス」という政策を打ち出し、「大胆な金融政策」「機動的な財政政策」「民間投資を喚起する成長戦略」の３本の矢を打ち出した。

日本銀行の新総裁となった黒田東彦氏は、年間２％物価が上がるインフレ目標を決めた。これはそれまでのデフレ経済が正しいとしていた人たちにとって、仰天の出来事だった。

その後、コロナ禍での世界的な流通網の混乱や、ロシアのウクライナ侵攻、中東危機によるエネルギー高騰もあり、世界的なインフレになっている。ここ１、２年、物価が上昇して苦しいという声はあちこちから聞こえてくるだろう。

もはやデフレからインフレに、日本経済が構造的に転換したと考えていい。

アベノミクスは格差を生んだとか、失敗だったという批判がある。

でも、株価はどうだろう。

安倍氏のあとの菅義偉内閣、岸田文雄内閣、石破茂内閣もマイルドなインフレを目指す路線を継続。日経平均株価は2024年2月22日に、史上最高値を34年ぶりに更新した。2024年10月の衆院選で自民党は惨敗したが、この流れは続くだろう。

2023年の日経平均の上昇率は28・2%にも上る。一方で、メガバンクの定期預金金利（1年もの）は2024年10月現在、0・1%程度しかない。インフレ率が2〜3%ということは預金の額はほとんど増えず買えるものは少なくなっており、銀行に預けていると実質的に2〜3%損しているということだ。

そもそもおカネは何のためにあるかというと、モノやサービスと交換するためでおカネ自体は単なる紙やオンライン上の数字でしかない（その他に価値を保存する、モノやサービスの価値を測ることもある）。

だから、額面のお金が減らないと安心していても、インフレで実質的に目減りをするのは、損をしていることと変わらない。長いデフレ時代が続いた日本ではそのことに気づかない人が多すぎる。おカネを増やすどころか、価値を守るためにも投資は必要なのだ。

逆にデフレ時代はおカネを持っている人が強いうえ、成長がないため若い世代が資産を得るのが困難だった。貯金をたっぷり持っている高齢者が優遇され、手元の現金が少ない若年層は不遇のままというわけだ。

*

ちなみにアベノミクスをどう評価するかによって、その人の経済理解度が明らかになるとぼくは思っている。

まず、株価についてはアベノミクスによって大幅に上昇した。詳細はまた後で述べるように、株価に限らず安倍政権時代にＮＩＳＡが始まるなど個人が投資する環境も大きく整えられた。

それ以外はどうだろう。

政治は国民を幸せにするためにあるもの。アベノミクスで景気が浮揚した日本は人手不足になるなどして、労働力調査によると、雇用は7年半（２０１３年1月～２０

20年9月）で445万人ほど増えた。「非正規雇用ばかり増えた」という批判もあったが、実は正規雇用はこのうちの200万人近く増えている。

また、非正規雇用でも人手不足に対応するための高齢者や女性のアルバイトやパートが中心。本当は正規雇用で働きたかったのに、不本意ながら非正規雇用になったという人は、厚生労働省の資料によると、アベノミクス開始直後の2013年の342万人が19年には237万人まで減っている。

大学生の就職率も順調に増え、内定時期も早期化して選びやすくなった。また、人間の最も大切なものは命だが、警察庁の資料によると、経済的理由で自殺した人は2011年の約6400人が、19年には3300人ほどと半減している。

一方、意外かもしれないが「子どもの貧困対策法」「生活困窮者自立支援法」など、格差がいわれるなか、貧しい人たちを助ける法律も安倍政権下で成立している。

その前の旧民主党政権はリーマンショックと重なる不運があり、有効な経済政策を打てなかった。さらにその前の自民党政権時代は、デフレで有利な既得権益層ばかりを優遇して、若者や氷河期世代などの失業者、貧困層をなおざりにした印象が強い。

前述のピケティ氏は、「バラモン左翼」という言葉を使っている。

「バラモン」はインドのカースト制度で僧侶や知識階級のこと。左翼系の政治家、研究者、マスコミ関係者は、実は裕福で高学歴だから貧困の実態をあまり知らない。政府が貧困層や現役世代の今後の資産形成を手助けしようとしても無視して、政府批判を優先してしまう。弱者のための政策は二の次というものだ。

アベノミクスやその後の政府、日銀の政策を批判する人には、バラモン左翼が多いようにぼくには見える。

もちろん、安倍政権では公文書棄損や国会軽視など問題点も多かった。だからといって、経済的な成果までも攻撃するのは誤りだろう。まあ、政治的な意見は人によって考えが違うからこのくらいにする。

ただ、いずれにせよ**デフレからインフレに経済構造が転換した以上、預貯金はノーリスクではない。むしろ、資産を増やすためには投資が不可欠になったことは間違いない。**

こんな話がある。

2015年、新潟県の第四銀行に家の中から100年前の預金通帳が見つかったという連絡があった。第四銀行の前身の新潟貯蓄銀行が1915年に100年定期預金というのを募集していたのだ。この定期は金利が6％。今、メガバンクの定期預金金利は0・1％程度だからその60倍もの高金利だ。

そして、100年預けた結果は当時1円預けたものが339円だった。

1円といっても今とは価値が全然違う。公務員の初任給が40円の時代だから、今だと5000円程度の価値。それが100年たって10分の1以下の339円にしかならなかったのだ。

これは過去100年間、第二次大戦中や戦後すぐ、そして1970年代のオイルショックなどインフレ時期が多かったため。

預貯金がいかにインフレに弱いかがわかるだろう。

第5の真実
「ミスターマーケット」を見破る

そもそも根源的な疑問として、おカネを得るにはどうすればいいのか。

大金持ちや大地主の子供に生まれていれば心配はないだろう。残念ながらぼくをはじめほとんどの人は違うので、自分でおカネを増やさなければならない。

世の中の大半の人は、そこから抜け出せないというよりも、抜け出そうとしない。おカネについて妙な意識や敵意を持ってしまい、勉強するのが面倒だし、する方が恥ずかしいという意識も根強い。

ぼくが尊敬する投資家にファンド運用会社のレオス・キャピタルワークスの藤野英人社長がいる。運用する「ひふみ投信」と「ひふみプラス」は合わせて7000億円以上（2024年11月29日時点）もの純資産総額がある日本株ファンドでは国内最大のもの。藤野さんとは何度もお目にかかっている。ファンドの運用能力が優秀なこと以上に、ぼくは彼のおカネに対する真摯な哲学にいつも感服している。

その藤野さんの言葉で印象的なのは「おカネはおっかねー」「日本人は守銭奴」という二つ。著書の『投資家が「お金」よりも大切にしていること』（星海社新書）は中学生でもわかりやすいだろう素晴らしい本だ。娘にもたまにはお父さんが勧める本を読んでほしい。

「おカネはおっかねー」というのは、おカネは正しく理解して向き合えば人を幸せにするけれど、知識もなくて使い方を誤ると不幸になるということだと思っている。

世界的に格差や貧困が問題になっていて、おカネがないことがその大きな原因だ。戦争や環境破壊、地球温暖化などもおカネと正しく向き合えば対策はいくらでもできる。しかし、他国の資源＝おカネがほしいとか、目先のおカネが欲しくて公害が起きても平気だなんて国や大企業が思えば、人類は滅びかねない。国や大企業も構成するのは一人一人の人間なわけだから、それぞれがおカネの正しい理解と使い方を学べば世界はずっと良くなる。

もう一つの「日本人は守銭奴」というのは興味深いデータがある。

藤野さんが教鞭をとっている大学の授業で、学生にアンケートをとったところ8割が「カネ儲け＝悪」と思っていたそうだ。

潔癖な人が多い若者だけでない。

中高年になってもおカネ儲け、特に投資に悪いイメージを持っている人は多い。いまから15年ほど前になるけれど、当時の経済産業省の次官が「(デイトレーダーなど一部の株主は) バカで浮気で無責任」と発言して、投資家から批判を浴びた。社会のエリート層で、権力も財産もある人ですら、おカネ儲けは悪いことだという意識は根強い。

でも本音はどうだろう。

イギリスの国際NGO「Ｃｈａｒｉｔｉｅｓ Ａｉｄ Ｆｏｕｎｄａｔｉｏｎ」が出している世界寄付ランキングという指標がある。これは、1カ月の間に「困っている見知らぬ人を助けた」「寄付をした」「ボランティアをした」の3項目で各国を評価するというもの。２０２４年のデータで日本は１４２カ国中１４１位ととてつもなく低い。先進国はもとより、アジアやアフリカの貧しい国々にも負けている。

つまり、おカネ儲けが悪だという割には、寄付をしたり困っている人を助けたりという行動を世界的に見ても全然していないのだ。

しかもこうしたニュースがヤフーに掲載されたとき、寄付をしていないことを恥じるどころか、「おカネがないから」などと開き直る意見が多かった。

もし、日本人の多くが「おカネ儲けが悪」というならば、貧しくても清い心を持っていればいいだろう。しかし、現実には他人を助けないどころか、「karoshi（過労死）」が英語になるほど、日本社会では劣悪な環境が当たり前。自分や家族ですら助けず、「おカネが悪い」と内心思いながら、おカネのために働き続ける。

政府は老後資金不足を恐れて「貯蓄から投資」の旗を振り続けてきたが効果は薄い。

2024年1月からの新NISAで多少は投資をする人が増えたとはいえ、2200兆円に及ぶ家計の金融資産の過半数は預貯金。タンス預金も数十兆円規模で存在することが、新札発行の一つの理由とされている。

藤野さんの指摘通り、日本人は口ではおカネが汚いと言いながら、その汚いものをしっかりため込んで、寄付も投資もしようとしない守銭奴なわけだ。

同時に一攫千金でお金持ちになれればという気持ちは内心こっそりもっている。投機的で大儲けも大損の可能性もあるFX（外国為替証拠金取引）やビットコインなどの暗号資産（仮想通貨）を購入する人の割合は世界的に多いといわれる。パチンコ、競馬、競輪などギャンブルそのものがこれだけ盛んな国も、先進国では異例だろう。

しかも、楽におカネ儲けをしたいから、ちゃんとした知識を得ようという心構えがあまりない。SNSや動画の、どこの誰かもわからない匿名のアカウントの言うことを信じ込んでしまう。

本来正しい情報を伝えるべきメディアも例外ではない。

経済メディアとして日本で一番信頼されているのは日本経済新聞だが、例えば「日立・三菱重工統合へ」（2011年8月）、「任天堂 スマホに対抗」（2012年6月）などの事実と異なる報道に、個人投資家だけでなくプロの投資家も踊らされた。

経済、投資に関する情報は不確かなものが多すぎる。

本書はどうなのかと突っ込まれそうだが、ぼくは娘のために自分の知識を総動員して書いている。しかし、本書を鵜呑みにせず、あくまで参考文献として読むという心構えでも構わない。

そもそもメディアの記者は投資に関して必ずしも詳しくない。例えば日経新聞の記者は、社員によると、短期の株式投資を厳しく制限されているという。水泳の理論に詳しいけれど泳いだことがない人に、水泳の名コーチが務まるだろうか。

海外も同様だ。著名な投資家で20年間、米ＣＮＢＣテレビで投資番組のホストをしているジム・クレイマー氏は「ニューヨーク・タイムズ指標」というのを提案する。ニューヨーク・タイムズの1面に「株式は暴落して今後も悲惨な状況になる」と書かれたときは、逆に株式を購入する絶好のチャンスだというわけだ。メディアがいかにあてにならないかがわかるだろう。

だからこそ、最低限の知識を自分で身につけなければならない。アメリカの格言に

「ミスター・マーケットに振り回されるな」というものがある。

「ミスター・マーケット」とは株式の値動きを擬人化したもの。気分が良くなって熱狂して株価が急上昇したり、不安にかられて暴落したりする。原因となるのが経済、投資のニュースで、その中には誤報、虚報も交じっている。でも、それは本質的な動きから外れたもので、投資とは何かをちゃんと勉強して本質を見抜こうというものだ。だから、「おカネはおっかねー」ことを知るとともに、「守銭奴にならない」ことを心がけてほしい。おカネに対して正しい知識があれば資産は増えていく。

第6の真実
自分で計算する

ここでは、人生でいったいどのくらいの資金が必要なのか考えてみたい。老後が不安な人は多いだろうし、事故で大けが、病気、失業といった暗い出来事に見舞われることがあるかもしれない。あるいは結婚、出産となれば費用がかかる。海外旅行や高級車を買いたいという消費意欲が増すかもしれない。

とはいえ正確なことは未来にならないとわからない。

……と、ここで終わってしまったら身もふたもないので、今、他の人はどのくらいの資産を持っているのか見てみよう。

大手シンクタンクの野村総研は、世帯の金融資産額によって5階級に分けている。2023年の発表では、3000万円未満がマス層、3000万円以上5000万円未満がアッパーマス層、5000万円以上1億円未満が準富裕層、1億円以上5億円未満が富裕層、5億円以上が超富裕層だ。このうち、マス層が78％を占めている。つまり3000万円以上になったら上位2割だから、まず合格といえるだろう。

1億円以上の人の割合は2・8％と35人に1人が富裕層以上。単純に考えると小学校のクラスに1人ぐらいはいることになる。

ぼくが通勤している満員電車のぎっしり詰まった車内に300人ほどいるとすれば、8、9人は富裕層ということになる。だから、数は少ないけれど、ものすごく少ないというわけではない。日本ではちょっとした運と努力と才能、それに時間があれば十分に達成できるはずだ。

後で詳しく触れるけれど、億万長者というと莫大な収入か、投機やギャンブルで大儲けした印象がある。しかし、実際にはコツコツと長期で投資をしてきた着実な方法の人も多く、そちらの方が再現性にも優れている。

単純計算だが、日本人の平均年収は450万円ほど、共働きの世帯年収は850万円ほどといわれる。

仮に平均年収の1割の年45万円を毎月3万7500円ずつ積立投資で、年率9％で回すと35年で1億円に達する。共働きの世帯年収の約1割の年84万円とすれば29年だ。年収の1割を投資に回すのは決して無理なことではなく、9％も全世界株式の指数（MSCIオール・カントリー・ワールド・インデックス）で過去30年の円建ての平均リターンとほぼ同じだから絵空事ではない。長期にわたって努力すれば普通の人でも十分達成可能なのだ。

日銀の統計によると、個人の金融資産の3分の2は高齢者が持っているから、ぼくの資産2億円は現役世代では上位1％に入っていると、ちょっと自慢したい。アベノミクス以降に富裕層は増えているし、2023年から大幅な株高が続いているから、現状はさらに富裕層、超富裕層の割合が増えているだろう。

平均だと惑わされやすいが、中央値という言葉がある。これは文字通り、対象の真ん中の人の数字。例えば5人の人の財産が10万円、20万円、30万円、40万円、100万円だとする。平均は40万円、中央値は5人の真ん中の30万円というわけだ。

日銀が事務局をしていた金融広報中央委員会（2024年8月から金融経済教育推進機構に事業移管）の2023年の調査では、金融資産保有額の2人以上世帯の中央値は330万円、単身世帯は100万円だった。野村総研の調査と比べると、ちょっとびっくり。

これも年代によって差があり、2人以上世帯の場合、20代は30万円、50代は300万円、70代は700万円となっている。当たり前かもしれないが、一生懸命貯蓄をして、年を重ねるごとに増やしていったということだ。

だから、**若いころから投資をすれば、世間の中央値をはるかに超える金額を持つことが可能だ**。同時に何があるかわからないのが人生だから、金額が多めになるに越したことはない。

もし10代、20代だったら1億円を目標として掲げるのが一つのアイデアだと思う。もちろん、1億円なんてとても無理、結局3000万円でマス層を超えるのがやっとだったとなっても、失敗と思わない。あくまでも目標は大きく掲げようというだけで、達成は二の次だ。

30代以上だと、もっと具体的に自分が結婚しているか、独身のまま老後を迎えるのか、子供は何人ぐらいかをざっくり考え、いくら年金をもらえるかを基に、老後の不足額を計算してみるのがいい。老後の生活費の不足額に介護や葬儀費用として数百万円上乗せすればだいたいＯＫだ。

もちろん、結婚するしない、子供がいるいないで変わってくるから、若いうちほど、こんなもんかみたいなイメージでいいし、年代が上がれば、より正確な計算ができるだろう。

そして、日本人が下手なのはおカネをためたのはいいけど使いきれないということだ。

政府の経済財政白書（２０２４年度）によると、年代別の資産は日本では年齢が上がるほどに増え、定年時の60～64歳でピークの約１８００万円に達して、その後はあまり減らず、85歳以上でも平均保有資産は１５００万円に上る。日本人が老後におカネを使わずひたすらためこんでいるのは、国内全体の消費を下押しするリスクがあると批判している。

ぼくが若いころに「きんさん、ぎんさん」という100歳の双子の老婦人がテレビで人気者になった。その2人にギャラは何に使うかと聞いたところ「老後に使う」と答えていた。

100歳になっても老後を考えて、おカネを使えない。心配性、年金不安などいくつも要因は考えられるだろう。でもこれは非常にもったいない。老後にいくらぐらい使うかというのは自分で計算して、余りそうだったらさっさと使えばいいのだ。

三菱UFJ信託銀行の調査（2018年）では、遺産相続の経験がある人の平均遺産額は2114万円にも上る。若くして受け取ったのならまだしも、長寿化が進んでいるので、おじいさんおばあさんになって老老相続して大金を受け取っても、あまり使い道がない。

NHKによると、亡くなったときに誰も相続人がいないため、国に没収される金額は2022年度、768億円にも上っているという。それだったら老後に多額のおカネをためこむよりも、若いうちから老後を見据えつつも、使いたいことには積極的に支出すればいい。もちろん、無駄はダメだけど。

第7の真実
金持ちは意外と普通

さて、目標資産額は人によるといっても、目安が欲しいかもしれない。

その一つの目安が資産1億円だ。金融資産から借金額を引いた純金融資産が対象になり、野村総研の定義では富裕層にあたる。「億り人」だ。

これは、2008年の映画「おくりびと」にちなんでいる。日本映画としては初めて、アメリカのアカデミー賞外国語作品賞を受賞している。ぼくは2億円あるから「2億り人」といってもいい。

では億り人とはどういう人たちなのか。

ぱっと思いつくのは地主や大企業の幹部、医師や弁護士といった華やかな職業のエリートだろう。

でも、**最近はぼくのようにごく普通のサラリーマンが地道に積立投資をしてきて、その果実を享受するケースも増えてきた**という。特に2023年、24年は円安株高が続いたから、国際分散投資をしていて億り人になったとの報告を、SNSで結構、見かける。

ぼくを含め堅実におカネを増やした億り人には、意外と地味な生活をしている人が多い。

富裕層というと都心のタワマンに住んで、高級ブランドに身を包み、ポルシェやフェラーリなど高級外車を乗りまわし、高級レストランでワイングラスを片手に贅沢三昧といったイメージがあるのではないか。

しかし、必ずしもそうではない。

野村証券で長年個人投資家の相談に乗り、定年退職後は経済コラムニストとして活躍した大江英樹さんは『となりの億り人　サラリーマンでも「資産1億円」』（朝日新書）という本を出している。大江さんは温厚かつ非常にクレバーな人で、ぼくも何度も会って教えられることが多かったのだけれど、残念ながら2024年1月に亡くなってしまった。今こそ大江さんの新著が期待されるのに残念でならない。

『となりの億り人』によると、大江さんがこれまで相談に乗った3万人の経験や、本のために取材した4人のサラリーマンの億り人を見ると、そういった贅沢はしておらず、端的にいうと「ユニクロを着て、ヴィッツに乗り、普通のマンションに暮らす」そうだ。

なぜなら、**贅沢をすれば支出に際限がなくなる**からだ。

もともとサラリーマンで普通の生活をしていた人たちは、資産が1億円になったからといって生活水準をほとんど変えない。必要なもの、関心のあるものには思い切っておカネを費やすけれど、無駄なおカネは使わない。教育費や寄付など他人のためにおカネを使うことも多いという。

これはアメリカでも一緒。金持ちになりたいなら必読といえるのが、富裕層の実証的な研究を大々的に行ったニューヨーク州立大学教授のトマス・J・スタンリー氏の『となりの億万長者　成功を生む7つの法則』（ウィリアム・D・ダンコと共著、斎藤聖美訳・早川書房）の一連のシリーズ。

大江さんの本のタイトルの元ネタになっているのだけれど、贅沢三昧に見えるアメリカでも、資産100万ドル以上の億万長者は質素な暮らしをしていることが多い。銀行員と並ぶと、銀行員の方がはるかにリッチに見えるそうだ。

『となりの億万長者』は「なぜ、オレは金持ちじゃないんだ?」と悩む人のために1万人以上の億万長者を調査した。その結果、億万長者の特徴として次の七つを挙げている。

1　収入よりはるかに低い支出で生活する
2　資産形成のために、時間、エネルギー、金を効率よく配分している
3　お金の心配をしないですむことのほうが、世間体を取り繕うよりもずっと大切だと考える
4　社会人となった後、親からの経済的な援助を受けていない
5　子供たちは、経済的に自立している
6　ビジネス・チャンスをつかむのが上手だ
7　（本人の適性と）ぴったりの職業を選んでいる

ちなみにぼくは1、2、3、4が当てはまるけど、5、6は違う。7については出世はしなかったが、メディア企業に勤務して資産運用についての知識を得ることができたという点では合っているともいえる。だから、七つの特徴すべてに当てはまらなくても億り人になれるけれど、とりわけ、1〜3は重要だと考える。

『となりの億万長者』では、アメリカの億万長者の多くがごく普通の町に住み、小さな工場やチェーンストアを経営している自営業者で、はたから見れば億万長者とは気づかれないと述べている。半数の人が399ドル（約6万円）以上のスーツを買ったことがない。4割が中古車を買っている。

一方、弁護士や医者、銀行員などの高収入の一見エリートに見える人たちは、生活水準を自分と同レベルの同僚や友人と合わせるため、高級住宅街に住み、ファッションや自動車におカネをかけてしまい、資産がたまらない。スタンリー氏は「高収入と富は違う」という。

そして、スタンリーの法則と呼べるものを導き出した。

これは年収×年齢×10分の1を期待資産額とするものだ。そして、期待資産額の2倍以上あれば「蓄財優等生」、半分以下だったら「蓄財劣等生」と呼ぶ。億万長者でなくても、蓄財優等生だったらお金持ちと見なした。

ただし、定期的な収入がある人が対象で、無職の人には当てはまらない。

例えば、飲食店に勤めるあんずさんは30歳で年収が400万円。期待資産額は1200万円なので、2400万円以上あればお金持ち、逆に600万円以下なら劣等生となる。

自動車メーカーの部長をしている真司さんは50歳で年収が1000万円。すると期待資産額は5000万円だから、1億円以上、つまり億り人になっていればお金持ち。2500万円以下なら資産劣等生だ。

興味深いのは2人の資産がともに2400万円だった場合、あんずさんはお金持ちなのに真司さんは資産劣等生になってしまうことだ。

それは、年齢、年収をもとに判断しており、それまでの人生でいかに蓄財、資産運用にまじめに向き合ったのかの評価だからである。

あんずさんの資産が2400万円とすると、今と同じような水準で資産を増やし続ければ、時間はたつけれど億り人に到達するだろう。逆に真司さんの資産が今2400万円とすると生活水準を改めるか、宝くじが当たるなど突発的な収入がない限り困難といえる。

『となりの億万長者』が出版されたのは1996年で、その後、アメリカでは急速に貧富の差が拡大して、ITや金融業界でお金持ちが続出した。また、インフレが長年続いて物価も高騰している。だから、スタンリー氏の研究は古くなっているかもと思ったことがあった。

しかし、スタンリー氏が2015年に亡くなった後、娘のサラ氏が彼の研究を引き継いで2018年に『その後のとなりの億万長者　全米調査からわかった日本人にもできるミリオネアへの道』(藤原玄訳・パンローリング)を出版した。その段階でも、億万長者の多くは、依然として質素で倹約的な生活を送っていた。

ただし、資産3000万ドル(約45億円)以上のスーパーリッチはこの限りでないそうだ。もっとも、億り人になること自体が、97%以上の人に無理なのだからスーパーリッチの世界はまた別物といえる。

そのスーパーリッチの中でも倹約家はいる。世界最高の投資家といわれるウォーレン・バフェット氏はその筆頭だ。

アメリカの株式投資で莫大な富を得て、フォーブス誌によると直近の資産は1330億ドル(約20兆円)というからケタ違い。彼は自分の故郷であるネブラスカ州オマハという中西部の人口50万人ほどの地方都市に住んでいる。

好物は投資先でもあるマクドナルドのハンバーガーで、朝食はドライブスルーでいつもハンバーガーを買っている。1958年に3万ドルで建てた家に今も住み続けている。インフレで住宅価格が高騰した２０２０年でも65万ドル（当時のレートで約７０００万円）と、東京でタワマンを買うよりもはるかに安い家だ。

バフェット氏には倹約に関するエピソードが尽きない。

マイクロソフトを創業した、やはり世界有数の資産家のビル・ゲイツ氏と香港に行った際、バフェット氏が食事をごちそうしてくれるといったところ、なんとマクドナルドだったそうである。しかも、支払うときに割引クーポンを使ったそうだ。

一方で、バフェット氏は投資だけでなく、長年、巨額の寄付を行っている。２０２４年６月には53億ドル（約７９５０億円）の寄付を行い、累計では５７０億ドル（約８兆５５００億円）に上る。また、遺言では財産の99％を寄付するように命じている。倹約とメリハリの利いたおカネの使いかた、そして天才的な投資の腕前で世界有数の資産家になった。

アメリカは日本より裕福な印象がある。でも、それは日本のメディアなどに登場する人が政治家、企業のトップ、俳優など金持ちだから。ＦＲＢ（連邦準備制度理事会、アメリカの金融政策を決定する機関）が２０１８年に発表した調査によると全米の世帯の４割が、４００ドル（約６万円）の急な支出を準備できないと回答した。

物価は高騰して家賃も払えない人が続出。2023年のアメリカのホームレス数は約65万人（日本は約2800人）にも上る。だから、億万長者になること自体が大変なのだ。

その点、日本の方がまだ格差は少ないし、物価は値上げが増えているとはいえアメリカほど高騰していない。それに長期投資を手助けする制度が続々と整ってきている。

正しい知識と行動をすれば、アメリカをはじめとする他国よりも、普通の人が億り人になれる可能性は高い。「金持ちは意外と普通の生活をしている」ので、それを見習うことが資産形成の第一歩だ。

2章

投資を始める際に

第8の真実
長期の株式投資が生み出す力

さて、一口に投資といってもいろいろなものがある。

一番の王道は株式投資。そのほか、債券、不動産、石油、貴金属、最近ではFX、暗号資産なども流行している。変わったところではウイスキーやワインなどのお酒、美術品なども。

いったい何に投資をして良いのかわからなくなるかもしれない。

しかし投資のマニア、セミプロになるのならともかく、普通の人が普通に生活をするためには株式投資をメインにすることが最適といえる。

そもそも投資とは、どういう意味だろう。

それは資本を投じるという意味だ。

つまり、将来の利益を得るために資金を投下するということ。自己投資というのは自分の将来の利益を得るために自分におカネを払って勉強する。株式投資、不動産投資など、基本的には資金を投下することで、投資先が成長してその果実を得るものと思えばいい。

似た言葉で投機がある。

投機の機は、機会、チャンスという意味だ。短時間で大幅な利益のチャンスがあった場合におカネを出すということ。日本だと金融庁が長期投資を打ち出していることもあり、投機というとギャンブル、一攫千金というイメージがついている。

両方とも正当な商活動で資金を増やそうというのだから、どちらが良い、どちらが上ということはない。

ただ、投機のためには常にチャンスがいつ来るかアンテナを張っておかなければならない。また、何がチャンスの前兆なのか、過去のパターンの分析や国際情勢をはじめ周辺環境の変化などを見張っている必要がある。普通に仕事や家庭を持ちながら片手間にやっても、よほど運が良くなければ成果は上がらない。

ＦＸや短期の取引を繰り返すデイトレードなどの投機が流行ったときに、「トイレトレード」という言葉があった。ＦＸは24時間、デイトレードは日中行うわけだから、仕事をしていると時間がかぶってしまう。そこで、勤務中にトイレにこもってスマホで取引をすることをからかった言葉だ。

そんないい加減に取引をしても大した成果は期待できないし、むしろ本業の仕事がおろそかになり、ダメージを受けるリスクも大きい。短期間で大きく得をする投機は、短期間で大きく損をする可能性もある。

それよりは、少しずつでも中長期的には着実に増えていく可能性が高い長期投資の方が、人生100年の長い目で見た時は有利だ。

では投資のなかで、なぜ株式を勧めるのか。

世界的な株式投資の研究者であるアメリカのジェレミー・シーゲル・ペンシルベニア大学ウォートン校教授は、1801年から200年以上にわたる株式、債券、現金、金（ゴールド）の推移を見た場合、そのリターンに驚くほどの差が出ていることを発見した。

もし1801年に株式に1ドルを投資し、その後、配当を再投資した場合、2001年には1270万ドルになる。これが長期債券では利息を再投資してもわずか1万8235ドル、金は32ドル84セントにしかならない。

この間には2度の世界大戦や1929年の大暴落をはじめ、多くの不況があったにもかかわらずだ。そしてほかの学者も含めた多くの研究で、**日本などアメリカ以外の**

国でも長期投資をした場合、株式のほうが優位だということがわかった。

明治大学の研究によると、日本では株式市場が誕生した1878年から、2022年までに株価は実に584万倍まで値上がりしている。太平洋戦争があったのにだ。『完結 昭和国勢要覧』（東洋経済新報社編）によると、1921年（大正10年）を100とした戦前の株価指数で、太平洋戦争直前の1941年は145ポイントだった。当初は日本軍が優勢だったが、アメリカ軍の物量攻撃にはかなわず、日本中が空襲で焼け野原になり沖縄はアメリカ軍に占領される。そして1945年8月に広島・長崎に原爆が落とされ、ソ連が参戦したこともあって日本は降伏する。

当時の日本証券取引所（現在の東京証券取引所）は、東京が空襲で機能しなくなっても開かれており、政府の命令で停止となったのは1945年8月9日。その1945年の株価は215ポイントにも上昇していた。

なぜ株式投資は大きな成果を上げるのか。

難しい学説はたくさんあるが、そもそも株式とは何かを考えてほしい。

それは会社の一部だ。

会社の最高議決機関は株主総会であり、株式を100％保有する株主はその会社を好きにできる。社長の首をすげかえるのも、会社を解散するのも自由だ。だから、**株式を買うということは、会社の一部を買うということ**なのだ。

ここを理解している人が少ない。

安く買って高くなったら売ればいいとか、買った時より安くなったら損切りするべきという意見が多い。

値動きのチャンスで儲けようという投機ならその通りだけど、投資は資本に投じる、つまり会社の一部を購入して、その会社が成長したらその分の利益が自分のものになるということだ。だから、世界中の大金持ちは大半が自分の会社の大株主となって会社の成長の利益を得ている。大企業の社長でも雇われではたかがしれている。

ちなみにフォーブス誌が２０２４年1月に発表した長者番付によると、日本で一番の大金持ちはユニクロなどで有名なファーストリテイリングの柳井正会長兼社長で資産は5兆９２００億円。２位はソフトバンクグループの創業者の孫正義会長兼社長の４兆２０００億円と莫大な金額だ。

柳井氏は自社の17％、孫氏は29％の株を持っている。親族や資産管理会社を合わせると、もっと多くなる。その保有株の価格が高騰したため、大金持ちになれたわけだ。

そして、会社は儲かるために社員全員が一生懸命働いている。その会社の人が一生懸命アイデアを出して働いて、商品やサービスを売り、利益を出していく。

株価は短期的には戦争、インフレ、はたまた会社が事件や事故に巻き込まれたなど、外部環境に大きく左右される。20世紀のイギリスの経済学者ジョン・メイナード・ケインズが言ったように「美人投票」でもある。会社の本質を評価するよりも、多くの人が良さそうと思ったから株価が上がるということだ。

しかし、株式が会社の一部である以上、中長期でいえば会社が利益を出せば出すほど会社の価値は上がり、価格は会社の価値に収斂していく。

例えば新型コロナウイルスの発生直後、世界的に株式は一斉に暴落した。でも、アップルやトヨタの本質的な仕事にコロナがどれだけ影響したか。発生直後はコロナの先行きがわからず、人類が滅んでしまうのではないかとまで恐れた人がいた。そのうちに、ワクチンや治療法が見つかり徐々に日常が戻ってきた。そうなると良いスマホや自動車を使いたいという人間の意欲は変わらないわけで、中長期的に良い製品、サービスを出している会社は儲かり、株価は上がっていった。

会社が利益を上げれば配当という形で、株主におカネをしっかり出してくれるケースが多い。儲かったから売却するのをキャピタルゲイン、配当収入をインカムゲインという。この両方で、株式投資は儲かる仕組みだ。

まとめると、会社というのはそもそも利益を上げるためにある。会社が成長して利益が上がれば会社の一部である株式の価値も上がるし、配当という形で会社から現金ももらえる。だから株式投資は有利なのだ。

さらに、もう一つ長期投資の利点に「複利の力」がある。よく投資の本で紹介されているアインシュタインが「複利は人類最大の発明」と言ったとのエピソードは本当かどうか怪しいのだが、資産運用で複利の力はあなどれない。

複利というのは、利息や配当が元本に含まれて計算されるということだ。100万円で金利10％の単利だと毎年10万円しかもらえない。しかし、複利では最初の年は10万円、次の年はそこに10％だから121万円、さらに次の年は133・1万円と少しずつ差がついていく。これが塵も積もれば山となるのだ。

金融庁や金融機関のサイトに「金融電卓」というものがある。これでいろいろシミュレーションできるから試してほしい。例えば毎月3万円ずつ30年積み立てるとする。運用利回りが3％なら30年後に1736万円になる。元本の1080万円から6割以上も増える。これが4%なら2055万円、5%なら2446万円。複利の力でこれだけ増える。

ただし、これは銀行預金など元本割れをせずに毎年同じだけ増えていく場合。**株式投資の場合は値段が上がったり、下がったりするからもっと複雑だ。特に下落が続くと、複利の力が逆の方に働いてしまい、下落幅が大きくなってしまう。**

それでも、長期投資の場合は、資産が増えていく可能性が高いと想定されるわけだから、複利の力は重要になる。できれば下げ幅を抑えられたら、より効果は高くなる。

さらに、株式の特徴として価格は常に明らかになっており、原則どこで買っても同じ。北海道に住もうが、沖縄に住もうが、トヨタの株を買おうと思えば、証券取引所ではいくらで売買されているか、証券会社のサイトを見れば同じ金額が出てくる。東京の人が安く買えるとか、会社員だから高くなるとかそういう不公正さはない。

最近、ネット証券大手のSBI証券や楽天証券では国内株式の売買手数料は原則無料だ。株式そのものの代金しかかからない。税金も分離課税といって、ほかの仕事でいくら儲けていたとしても通常は、所得税、住民税、復興特別所得税を合わせて利益の一律20・315%だ（税金がかからないNISAについては後述）。

株価がいつ、どれくらい上がるかの予想は普通の人には不可能に近い。経済学では「ランダムウォーク」といって、株価の変動は偶然に過ぎないという学説も有力だ。しかし、短期ではランダムウォークでも、ここまで述べたように中長期では上昇する可能性が高いのなら、**素人は予想に頼るのでなく、とにかくすぐに始めた方が有利だ**。思い立ったら吉日という言葉もあるけれど、タイミングを計って始めるのは困難だ。もし割高の日にぶち当たってしまうのを恐れるなら、分散投資がある。これは次項で説明する。

*

では株式以外の投資先はどうだろう。

債券は国、自治体、企業が借金をするためのもの。ぼくらが債券を買ったら利率0・5%など最初に約束された利子をもらえる。途中で売却することもできるが、取引所で価格、手数料がすぐわかる株式と違って金融機関が取る手数料は不明瞭だ。

また、そもそも**債券自体は株式と違って成長しない**。だから、利益は限られてしまう。そのなかでもお勧めするとすれば、国が発行している個人向け国債だ。

銀行預金よりも利率が良く2024年11月には変動10年の場合は0・65％（税引き前）にもなる。元本も保証されているし、原則購入後1年からは若干の手数料を支払えば途中解約可能だ。個人向け国債は固定と変動があるが、インフレに対応するためには変動一択。銀行預金用の資産の一部は回しても良いだろう。

株式だけでは価格の上下動が激しいが、個人向け国債を資産に組み込むと全体の資産の動きをマイルドにすることができる。ある資産が50％下落した後50％上昇するのと、5％下落した後5％上昇するのでは、一見ともにプラスマイナスゼロになる。しかし、100万円を投資したら前者は75万円、後者は99万7500円になる。つまり、大儲けと大損両方するよりも、ちょっとした儲けとちょっとした損の方が、資産を守れる。だから、国債を資産の一部に組み込むのは十分ありだ。

不動産の場合、都心の物件など今後の上昇が期待される物件はあるものの、少子高齢化を考えると好条件のものはそれほど多くない。さらに、取引手数料は高いうえに、同じ物件でも扱う不動産会社によって値段が違う。値引き交渉や大口の顧客を優遇するなど価格も不透明だ。税金も購入時には不動産取得税が3～4％、売却時には保有期間によって違うが、5年以下の短期では売却益の39・63%の所得税、住民税などがかかる。

個人的には、不動産投資は管理する手間が大変だから普通の人にはお勧めしない。オーソドックスなマンションやアパート投資は、入居者がいなければ利益が上がらない。だから入居者が増えるための施策を、工夫して考える必要がある。不動産会社に頼んでも成果が上がるとは限らず、資金だけが流れていくリスクもある。

さらに、契約が非常に複雑だ。少し前にサブリース問題というのが全国的に起きた。サブリースとは不動産オーナーが空室が出ないように、不動産会社(サブリース業社)に一括して借り上げてもらってまた貸しすること。しかし、契約書をよく読むと、サブリース業者が家賃を一方的に引き下げても良い場合がある。値下げしないと契約を破棄されて、物件は空室だらけになってしまう。

2018年に「かぼちゃの馬車事件」というトラブルが起きた。オーナーは「かぼちゃの馬車」というシェアハウスを購入して、販売した不動産会社にサブリース契約でまた貸しする。その不動産会社から確実に家賃収入が入るという仕組みだった。人気タレントによるテレビCMを放映し、「賃料30年保証、利回り8%」とのセールストークに惹かれて、サラリーマンなど多くの個人投資家が購入した。

ところが、もともとの販売価格が割高だったうえ、住宅ローン融資の手続きでも不正が発覚。さらに、不動産会社の経営が悪化して、倒産。オーナーとなった個人投資家は多額のローン返済を抱えてしまった。

業者等の責任はもちろんだが、本来きちんと勉強すれば、価格やサブリースの方法がおかしいとわかり、かぼちゃの馬車のようなトラブルには巻き込まれなかっただろう。

実際、不動産投資で高い収益を上げている投資家は何人もいる。でも片手間で投資をするのには不向きだし、不透明でトラブルが多発している。株式投資の場合、公開株を取引所で購入していれば、このようなトラブルに巻き込まれる心配はほとんどない。

どうしても不動産投資をしたい場合はＲＥＩＴ（不動産投資信託）といって、証券取引所で売買できる商品がある。もっとも特に自分が家を所有する場合は、資産バランスを分散するためにもあえて投資する必要は薄い。

このほか、**ＦＸや暗号資産は急激な価格の上下動があり、波に乗れば大儲けも可能**

だ。しかし、両方とも需給で値段が決まり、価値とは無縁だ。つまり、ドルを買いたい人がたくさんいればドル高になるし、ビットコインを手放したい人がいっぱいいれば価格は暴落する。それを見極めるのは普通の人には不可能といえよう。

さらに、株式投資は株式そのものの価値が上がるから、収益のパイも大きくなる。参加者全員が得をすることだってあり得る。いわばプラスサムの市場だ。しかし、FXや暗号資産は投機にすぎず、それ自体が収益を出さない。そのうえ、手数料を取られてしまう。

つまり、参加者全員で見ると手数料の分だけ中抜きされることになる。

ぼく自身、暗号資産もFXも経験があるが、資産運用のメインとは考えていない。ギャンブルとして楽しむならともかく、長期投資のメインに据えるのは普通の人には困難といえよう。これは貴金属や美術品など他の種類の投資にもいえる。

また、暗号資産の場合は税金が大きなネックとなる。分離課税でなくてすべての収入を合算する総合課税になるうえ、雑所得となるので税率が高いのだ。大儲けした場合、最大55％（所得税45％、住民税10％）がかかってしまう。

ひどいのは多額の利益が出ている暗号資産を保有したまま亡くなった場合で、相続税をプラスするとたとえ100億円儲けていても、全部税金に取られたうえ、相続税を支払うための売却分にも税金がかかるため、赤字になってしまう可能性すらあるのだ。

こうしたリスクを踏まえたうえで、自分の考えで投資するなら良いだろう。ぼく自身、金ETF（ETFとは「上場投資信託」のこと。詳しくは3章で紹介）、REIT、FX、ビットコインすべて経験し、儲けたものもあれば大損したものもある。いずれも自分で決めたことなので、結果は甘んじて受け入れている。

一般的に安全な資産運用とされる銀行預金はどうだろうか。元本は保証されている。でも、銀行が預かったおカネをどうしているかご存じだろうか。

かつては、銀行は預金で集めたおカネを企業や住宅ローンなどの形で個人に貸し付けていた。2001年には9割近くが貸し出しに回っていたが、2023年には6割ちょっとしかない。特に地方の金融機関は高齢化や地価の下落、産業の没落などで貸し出すのが難しい。すると金融機関は自分で株や債券、REITを買って運用したり、日銀に預けたりしてしまう。つまり、預金したカネの一部は銀行が投資をしているわけだ。

貯蓄型の生命保険も同様だ。満期保険金があってうれしいし、万が一の時の備えにもなる。でも、生命保険会社は集まった保険金を投資信託や債券で運用する。こちらも保険に入った人は意識しているかどうかは別にして、投資をしていることになる。

これなら自分で判断して投資した方が、手数料もかからないし良いとぼくは考える。従って、ごく普通の人にとっては株式投資が一番、適切に資産を増やせる可能性が高いといえるだろう。

第9の真実
分散を徹底

株式が良いといっても、少子高齢化に悩む日本の将来は暗いと思えるかもしれない。アメリカはGAFAM（グーグル＝株式はアルファベット、アマゾン、フェイスブック＝株式はメタ・プラットフォームズ、アップル、マイクロソフト）やマグニフィセント・セブン（GAFAMに電気自動車のテスラと半導体メーカーのNVIDIAを加えたもの）といった大企業が飛躍的な成長を遂げて、世界制覇をしているように見える。

ぼく自身はといえば、日本企業の将来を結構、楽観視しているのだけれど、日本企業がダメになると予想するのならば、米国の株式や世界中の株式に投資をすれば良い。個別株投資も選択肢になるが、**世界経済にそれほど関心がなく、投資の知識がない人にとっては投資信託がお勧めだ**。3章で詳しく紹介するが、投信は自分ではなく、プロのファンドマネージャーに複数の株を選んでもらう商品だ。

そして全米に投資するか全世界に投資するかは好みの問題にすぎないが、ぼく自身は娘のジュニアNISAでは全世界に投資する投信を購入している。

2024年1月に始まった新NISAでも三菱UFJアセットマネジメントが提供する全世界株式の投信、「eMAXIS Slim 全世界株式」（オール・カントリー、通称「オルカン」）が一番人気で、結論からするとこれだけに投資するというのも十分ありだ。

なぜ、全世界株式や米国株式に投資をするのか。

ここで株式とは何かを思い出してみよう。株式とは会社の一部であり、会社が利益を上げるほど長期的には株式のリターンも高くなる。

日本など少子高齢化に悩んでいる国がある一方、国連の予測では少なくとも世界の人口は2100年まで増え続ける見通しだ。アジアやアフリカなどの20世紀までは飢餓に悩んだ貧しい国が経済発展をして、最悪の経済状態から脱している人も10億人単位で出ている。するとどうなるか。

会社の利益源はモノやサービスが売れることだ。人口が増えれば、その分、食べ物、衣服、住居が必要になる。さらに飢餓状態から脱出すれば、購買力も増える。

携帯電話はアフリカの最貧国でも使える。SNSの利用も当たり前だ。個人で自動車を持つのが難しい国でも自転車やオートバイなら何とかなる。飢餓から脱出しても死なないためには医者や薬がいる。また、地域の居住人口が増えれば、道路工事や建設工事が行われ、飲食店ができていく。

このように世界中で人口が増え、飢餓から脱出できれば、必要なモノ、サービスは莫大なものとなり、それを提供している企業は売上、利益をどんどん増やすことになる。

もちろん、短期では世界中のどこかで戦争や疫病、不況といったものが起き、株価は下がるだろう。しかし、世界全体を長期で見た場合、人口が増えて飢餓から脱出して少しずつでも貧困国の住民の生活レベルが良くなることを考えれば、株価が上がる可能性が極めて高いと考えられる。

もし、隕石が地球に衝突するとか、核戦争が起きるとか文明が壊滅的被害を受けた場合は、世界の長期での成長は困難になり、株価がずっと暴落する可能性もある。

投資家仲間の間では「モヒカンがヒャッハーの時代」という。ぼくが子供のころの人気漫画『北斗の拳』（武論尊原作、原哲夫漫画・集英社）では、核戦争で文明が崩壊した後、モヒカン頭の野盗が暴れまわり、それを正義の味方のケンシロウが退治した。もしも、そういう事態になった場合は、株式以外のものに投資していても大損するのは一緒だ。銀行はなくなるだろうし、荒れ野になった土地に価値などなくなる。投資家仲間はそうなったら、自分で農業をして食料を作るとともに、モヒカン頭の暴徒に負けないよう腕力を鍛えるしかないと肩をすくめる。

でも、**文明が続く限り、投資をする恩恵が中長期で得られる可能性が高い**。未来のことはわからないとはいえ、世の中はまっとうに続くと考えて生活するほうが合理的だろう。

全世界株式を勧めるのは、過去の歴史を見るとアメリカがダメなときは中国、そこもだめなら日本など、世界中がそろって長期間不況になることは少なく、どこかの国が不調でも別の地域は好調なことが多いからだ。また、低成長の先進国と違って、中国、インドなどの新興国の経済成長率は高い。それを取り込んで株価に反映しやすいのが全世界株式というわけだ。

それに、アメリカ株一辺倒は怖い。アメリカ株は１９９８年から２０００年にかけてＩＴバブルが発生した。わずか2年でハイテク株中心のＮＡＳＤＡＱ総合指数は株価が3倍以上になった。

ところが、社名にドットコムと名前が付くだけで、会社の業務や利益は無視して株価が上がる無法ぶり。当然、みんなおかしいと思い始め、２０００年3月をピークに株価は暴落。２００１年にアメリカで同時多発テロが起きたことがあり、今度は2年弱で4分の１以下になってしまった。

そして、２００８年のリーマンショックもあって、株価が２０００年のピーク時まで戻ったのはなんと２０１５年。今は好調なアメリカのハイテク株は15年も低迷したままだった。

日本はというと、高度経済成長の1970年代、そして80年代に株価は基本的に右肩上がり。1989年のピーク時には世界の時価総額（株式全体の価格）ランキング上位20社のうち14社が日本企業。東京証券取引所はニューヨークを抜いて世界最大の市場になっていた。それから35年も低迷したのは知っての通り。

ここ10年ちょっとはアメリカの株価が好調だけれど、それがいつまで続くかはわからない。アメリカが低調だった2000年から10年ほどは、中国、ブラジルといった新興国の株価の方が勢いは良かった。2023年だけ見ると日本株の方がアメリカ株の上昇率を上回っている。

だから、世界中に投資をすれば、どこかの国がだめでも他の国・地域がカバーしてくれるから、長期で大幅な落ち込みを避けられる期待がある。

ただ、アメリカには先ほどのGAFAMにしても、あるいはコカ・コーラ、マクドナルドなど日本でおなじみの会社にしても、世界中で商売をしている企業が多い。こうした企業がアフリカやアジアで儲けた場合も、当然、アメリカにある本社はその利益を享受できる。国際的な企業が多いアメリカだけに投資すれば、新興国の不安定な企業にも一部の投資を回す全世界株式よりも効率が良いという可能性もある。

それでも、全世界株式に投資するオルカンの内訳では、アメリカ株の比率は6割を超えている。だからアメリカ株がうんと上昇したら、ある程度は追いつける。

日本株の比率はわずか5％ほどだが、前に触れた通り1989年の平成バブルのころは、日本市場はアメリカ市場よりも時価総額が大きくなっていた。そのころにオルカンがあったとすれば、日本株が組み入れ比率トップだったのだ。

またオルカンの場合、中身は常に同じでなく時価総額が大きい企業から購入していく。

株価が下落して時価総額が減少すれば、それに応じた比率になっていき、それは国別で見ても同様だ。

だから、将来、中国やインドの経済がアメリカ経済を追い抜いて、それらの国の企業の株価がアメリカ企業を上回ったら、オルカン内部のアメリカ比率も下がることになる。このように柔軟に対応できるのがオルカンのメリットといえよう。

だいたい、神様でない人間が未来のことをぴたりと当てられるわけがない。どこの会社、どこの国が何年後に確実に儲かるかはわからない。あの世界一の投資家、バフェット氏だって投資に失敗することがある。

でも、中長期的に世界経済は成長し、株価も上がっていく可能性が高い。だったら、世界全部に投資すれば大儲けはできなくても、確実な利益が期待できる。どこかの会社や国がぽしゃっても、別のところがカバーしてくれるからだ。

投資の世界には「卵を一つの籠に盛るな」ということわざがある。

一つだけに賭けてしまうと失敗したときに悲惨な目にあってしまう。それだったら籠を複数用意して、一つがダメでも残りが大丈夫としておけばいい。

短期で大儲けしたい場合は、思い切って集中するのもありだけれど、長期投資で着実に増やしていくのなら、やはり分散は不可欠だ。

第10の真実
円安時代がやってきた

もう一つ、日本だけでなく世界中に分散した方がいい理由に円安がある。

円安で物価が上がって大変だとかいうけれど、そもそも円安とはどんなものなのか。

ここで改めて確認しておきたい。

ぼくが生まれたぐらいの1973年までは、ドルと円の交換レートはどんなときも変わらなかった。戦後ながらく1ドルは360円（71年からは308円）だった。しかし、物価や輸出を考えるとこれは日本に有利なレートでアメリカは不満を持ち、為替レートは変動制となった。

円安は円の価値が低くなること。例えば1ドル100円から200円に円安になったとする。すると、アメリカでは1ドルで売っているものを、これまで100円で買えたのに200円出さないとダメになる。

日本の場合、石油、天然ガスなどのエネルギーは輸入に頼っているから、円安によって電力料金やガソリン代はどんどん値上がりすることになる。食料も輸入が多いため、スーパーやコンビニでぼくらが買う食品も、レストランのメニューもどんどん値上がりすることになる。

一方、日本は自動車、電気機器など輸出産業が数多くある。これらの会社は逆にアメリカで1ドルで売れば、これまで100円だったのが200円になり、何もしないのに売上が2倍になる。

こうした輸出産業は下請けなども含めて大規模なものが多い。最近は海外に工場を作っているため、以前ほど円安で会社の業績が急増するということは減ってきたけれど、それでも日本の企業全体でみると、円安の方がメリットは大きい。

なぜなら、電力、食品といった輸入産業は、値上げすれば会社へのダメージが減るし、会社全体をチェックして、無駄なコストを減らす良いチャンスになるからだ。輸出産業はもちろん儲かる。企業が儲かると社員の給料は上がる。

ただ、円安になって物価が上昇してから、実際に給料が上がるまでは時間差があるのが欠点。さらに、会社員は良いが、年金暮らしの高齢者など無職の人は給料なんてないから、恩恵を受けられない。

アベノミクス以降、円安が進んで株価が上昇傾向にある背景にはこうした理由がある。よく、**最近の株価がバブルとか、日銀が買い支えているからという人もいるけど、一番大きな理由は企業が儲けているからだ。**

１９８９年、平成バブルのピークの際、東証一部（現在のプライム市場）の企業は１株あたり58・8円儲けた。それが２０２４年8月には１６９・３円にもなっている。すなわち会社の利益に裏付けられた株高であり、円安傾向が続けば好調さが維持できるだろう。

もっとも、物事には何事にも程度というものがある。

日本の国力が弱体化してハイパーインフレとなり、1ドル500円になるなんて専門家っぽい人が唱えたりするけれど、急にそうなったら大変だ。物価の急上昇に賃上げが追いつかなければ、みんな買い物をやめてしまいモノが売れなくなる。そうなったら企業はどんどん潰れて、経済はますます悪化して、大打撃を受ける。

それでは、ドル円はいくらぐらいがいいのか。

実は為替には適正な価格というものがない。各国の物価を基にした購買力平価という参考価格みたいなのもあるけれど、機能していないという専門家が多い。

ちなみに8月2日の日本経済新聞によると、主要企業80社の想定為替レートは平均1ドル＝147円。企業はそのくらいが適正と考えている。また国際決済銀行（BIS）によると、2022年4月の世界の外国為替市場の1日あたりの取引額は7兆5000億ドル（約1125兆円）。これでは政府・日銀が数兆円規模の介入をしたとしても一時的なものにしかならないといえよう。

だから、なんとも言えないのだけど、**問題は為替変動のスピード。急速に変化して、輸入企業の値上げや会社員の賃上げが間に合わないのは困る。**

幸い、現時点ではトータルすると日本経済にはプラスといったスピードの円安となっている。

為替レートが変動するのには、いくつもの複合的な要因がある。大きなものの一つは日本とアメリカの金利の差。だいたい、２０２４年11月の日本の長期金利は１％ぐらいで、アメリカは４％ちょっと。すると、銀行預金をするにはアメリカで預けた方が４倍も得になる。そうなると円を売ってドルを買って、アメリカでドル預金をする人がどんどん増えて円安になる。

新型コロナで打撃を受けた経済を救うために、多くの国で金利はゼロやマイナスになった。マイナス金利とは借金をすればむしろ利息をもらえるという、過去の経済情勢にはなかった状態だ。これによって、困っている企業や市民がおカネを借りやすくした。

一方でその結果、おカネが世界中で余ってしまって景気が過熱し、おカネの価値が減ってしまった。そこへロシアのウクライナ侵攻などがあって、石油や食料品の価格が高騰。インフレが世界中で起きてしまった。

よく、最近の物価が高いとみんなこぼしているけれど、日本のインフレ率はせいぜい2〜3%。ところがアメリカやヨーロッパでは8%、9%といったはるかに深刻なインフレとなった。インフレを収めるには金利を上昇させて、景気を沈静化させるのが一番とされている。

そこで、欧米はどんどん金利を引き上げて、金利を上げなかった日本と差がついて、円安が加速した。

なぜ日本が金利を上げないかというと、2%ぐらいのマイルドなインフレを定着させたいから。

金利を急激にどんどん上げると、住宅ローンなどを借りている人が困ってしまう。銀行から資金を借りる企業もそう。デフレで低成長の続いた日本は、アベノミクスでゼロ金利を続けたため、インフレ率が欧米より低くてマイルドで金利を上げられなかった。

2024年前半からインフレが落ち着いたアメリカは金利を引き下げ、日本はインフレが定着したから引き上げる。だから円安から円高に転じると予想する専門家も多かった。

しかし、アメリカのインフレは想像以上に長引いているし、日本も経済が弱体化しているから、大幅に引き上げるわけにいかない。２０２５年も日米の金利差は小幅に縮小することがあっても、大幅に縮小する可能性は低い。

さらに、最近は新しい要因が出てきた。

一つはデジタル赤字というもの。皆さんも使っているだろうけれど、インスタグラム、Ｘ（旧ツイッター）、ユーチューブ、ネットフリックス、アマゾンといったアメリカのＩＴ産業のサービスは日本で大人気だ。日本人のぼくらが使った利用料は、ドルになってアメリカの本国に送られる。この赤字は２０２３年には年間５兆円を超え、世界最大級のものとなっている。

また、新ＮＩＳＡで外国株や投信の人気が高いのも、新たな日本の赤字として浮かび上がっている。これも年間数兆円ぐらいの赤字になる。これらの赤字は円を売ってドルを買うわけだから円安要因になる。

こういう状況を見ると、今の為替レートが数年前のような1ドル１００円の円高になるとは考えにくい。円安の場合、海外旅行に行ったら物価が上がっていて大変だが、海外に投資していれば大きな利益になる。

株式自体が中長期的に上昇傾向にあるうえ、為替で利益が上がるから海外投資は二

度おいしい。逆に円預金だけなら、どんどん目減りしていく。

そもそも、日本で生活していくなら基本的に給料はすべて円で支払われる。円安で円の価値がどんどん目減りしていくわけだから、資産の一部をドルなど外貨建て資産で持つことが、家計を防衛するということにつながる。

ただドル預金はドル建てでは元本が下がることはないが、銀行では為替手数料が非常に高い。そのうえ、株式のリターンに比べると、利率の高い外貨預金でもリターンは見劣りしてしまう可能性が高い。外貨建ての生命保険も同様だ。

従って、株式への国際分散投資が時代に対応する最適解といえるだろう。

第II の真実
積立を続ける

日本政府は「貯蓄から投資」を呼びかけている。

その背景には、年金が足りなくなって老後の生活が不安になる人が多いから、自己防衛をしなければならないことを国も暗に認めていることがある。

そして、金融庁がキャッチフレーズにしているのが長期・分散・積立投資。長期と分散については重要性を理解していただいたと思うから、積立について考えてみよう。実は積立投資というのは経済効果だけ考えると、それほど意味があるわけではない。

政府や金融機関は毎月一定金額を積み立てる「ドル・コスト平均法」を推奨している。これは、もし積立しないで一度に買った場合、それがバブルのピークだったら目も当てられない惨事になってしまうから、そうした高値づかみをさけ、株価が高いときでも低いときでも一定額の投資を続けることで、買値を平準化しようという狙いとされる。

しかし、投資先が長期的に右肩上がりだと考えるならば、最初に多額をいっぺんに投資した方が効果は大きい。分散投資だと、チャンスを逃してしまう機会損失の可能性がある。実際、過去のデータを調べると分散投資よりも一括投資の方が、良い結果になる可能性が高い。

それでは、なぜ分散投資が推奨されるのか。

第一に、人生は一度きり。確率的に低くても、悲惨な結果が自分にぶち当たってしまうのは嫌だろう。それだったら、リターンは多少減るかもしれないけど、安全な方がいいと思う人が多いからだ。これは当然のこと。そもそも人間は利益を得ることよりも、損をするときの方が精神的にダメージが大きいことが心理学の研究（経済学と合わせて行動経済学と呼ぶ）で判明している。

だから、低確率の危険を気にしない強気の持ち主でない限り、積立をしていた方が安心だ。

特に投資や経済の専門家でなければ、相場の状況を把握することはできないだろう。それだったら、淡々と積立ていく方が充実した人生を送れるというものだ。

もう一つ、特に投資を始めたばかりのころはちょっと株価が下がっただけでも怖くなってしまう。それで投資をやめてしまったら非常にもったいない。

簡単な図を書いてみよう（左ページの図）。株価1000円の銘柄に毎年1万円ずつ5年間投資をするとする。

ケースAは毎年100円ずつ株価が上がっていく場合。そうすると買える株数（小数点第2位を四捨五入）は1年目は10株、2年目は9株（10000÷1100）、3年目は8・3株（10000÷1200）、4年目は7・7株、5年目は7・1株。5年間で42・1株購入できる。5年目の株価は1400円だから、資産価値は140

0×42・1＝5万8940円だ。

ケースBは2年目に大暴落が起きて株価は100円になってしまった。3年目、4年目も100円のままで、5年目でようやく500円まで戻った。この場合、買える株は1年目は10株、2～4年目は毎年100株（10000÷100）、5年目は20株で、合計330株。5年目の株価500円を掛けると資産価値はなんと16万5000円とケースAの3倍近くにもなってしまう。5年目の株価はケースAよりも900円も低いのに。

これは価格が安いうちに大量に買えるから。株式投資のうまい人はこういうときに大量に買い占める投機的な動きで儲けようとする。

けれども**長期投資をしている場合は、無理**

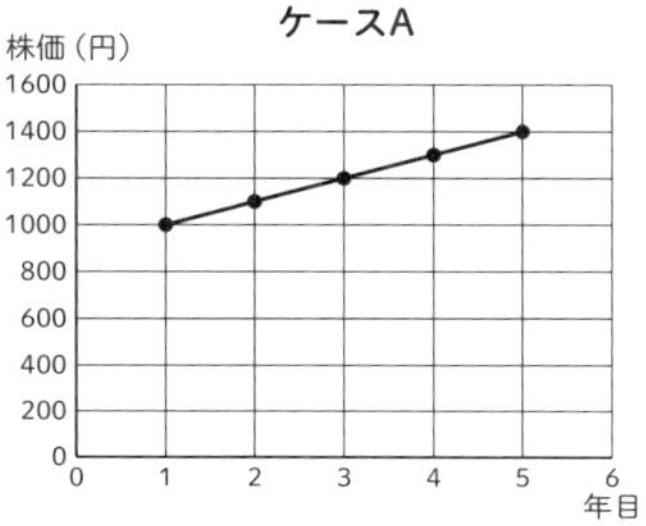

購入株数	10	9	8.3	7.7	7.1
保有株数	—	19	27.3	35	42.1

資産価値　5万8940円

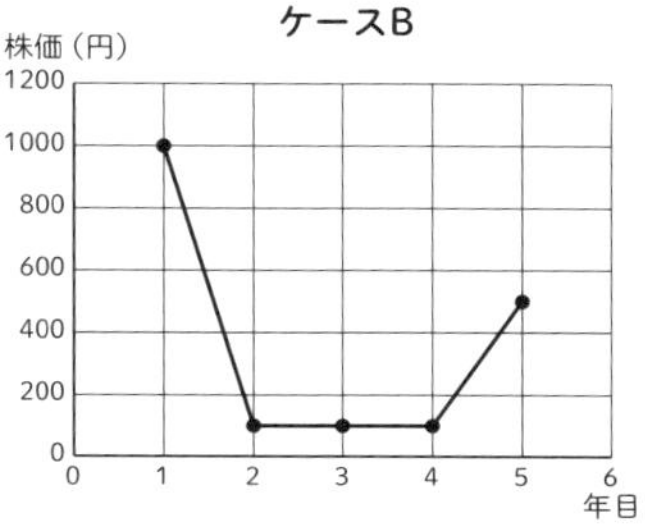

購入株数	10	100	100	100	20
保有株数	—	110	210	310	330

資産価値　16万5000円

に欲張らなくてもいい。だって、投機は大当たりも大外れもありうるが、長期で淡々と積立ていれば着実な成果が期待できるからだ。

大半の人は株価が暴落すると焦って投資が怖くなってしまう。

怖いだけなら人間として当然だけど、少しでも損を広げたくないと、安くなったとたんに売っ払って、投資から逃げてしまう。これは心理的には理解できるけれど、経済的にはまったく無意味な行動だ。どんなときも毎月一定金額を積立ようと決めていれば、投資から退場することなく淡々と積立られる。

だから、普通の人には分散投資の方が、心理面で支えてくれるといえる。

もっとも、遺産相続や退職金、宝くじが当たりでもしない限り、普通の人が一度に多額の資金を投入することはまずないだろう。毎月の給料から積立ていくわけだから、自然と積立投資になる。投資をやめないために、どんなことが起きても積立投資を続けよう。

第12の真実
やめないこと

長期投資では下がったときこそチャンスなのに、そのことはなかなか実感できない。株だとぴんとこないかもしれないけれど、服や食品は同じものを買うなら、セールやバーゲンの安いときに買った方がお得だろう。そのときに買い増しできればいいけれど、持ち続けるだけでもいい。

最悪なのは手放して投資をやめたり、損切りをしてしまったりすることだ。

アメリカには面白い話が伝わっている。大手証券会社がどんな人が利益を上げているか顧客の口座を調べたところ、なんと1番は亡くなっている人だった。投機をしている人は10回勝っても一度大損したらそれを取り返すのは困難。また、投資をしていても暴落で怖くなって逃げ出してしまえば、損は確定してしまう。それどころか、「稲妻の輝くとき」と呼ばれる、株価が急上昇する瞬間も取り逃がしてしまう。

なぜなら株価の急上昇は、市場がどん底から上昇に転じるあたりで多く発生するからだ。そのため、相場が上昇しようが下落しようが市場から退場しないで、投資資金をそのままにしていた人が結果として儲かったというわけだ。亡くなったらもちろん投資はストップしてしまうけれど、投資を続ける重要性がイメージできるだろう。

投資をひたすら続けることの重要性は、最近の事例からも明らかだ。

2024年8月5日、日経平均株価が史上最悪の4451円も値下がりしたことは記憶に新しい。投資初心者を中心に、ショックと不安から売却する動きが目立った。日経新聞系列のクイック資産運用研究所によると、ショックを受けて、投信から1600億円以上の資金が流出した。

値下がりの理由については日銀の利上げやアメリカ経済の先行きが不安視されたことなどが挙げられるが、実体経済は決して悪くなかった。

この日、鈴木俊一財務大臣は「新NISAをきっかけに投資を始めた方々に動揺が生じているという報道を目にしている。冷静に判断していただきたい」と呼びかけ、金融機関なども落ち着くよう促したが、焦った投資家は聞く耳を持たなかった。

しかし、わずか8日後の13日には暴落前の株価を回復した。

理由もなく下がったときは、買い増しするチャンス。資産800億円といわれ、日本を代表する投資家の清原達郎さんは、なんとこの日に100億円以上も株を買いまくり、大儲けしたと現代ビジネスのインタビューに答えている。

買い増しするのは初心者には勇気が必要で難しいかもしれない。でも、相場にとどまることは可能だ。

実際ぼく自身の体験でも、暴落して評価損が大きくなったときに投資から逃げないで、目をつぶってほったらかしにしていたことが、大きな成果になっている。

第13の真実　ぼくの歩んできた道

さて、ここでぼくの投資遍歴を詳しく紹介しよう。

他の多くの成功した個人投資家と違って、ぼくは自分のスタイルを見つけるまでさんざん迷走して、損や失敗もたくさんしてきた。これから投資を始める人や初心者に、ぼくのように迷走しても億り人になれるということを、ぜひ知ってもらいたい。

ぼくの両親は公務員と教員の共働き。母は教員といっても非常勤だったが、昭和40年代では共働きは珍しかったと思う。そして、ラッキーだったのは父が投資に関心があったことだ。

といっても、公務員というお堅い職業で、日中に取引はできないため、若いころに買った株をずっと保有していた。

そのころは、現在のようなインデックスファンド（インデックスファンドとは、投資信託の一つで、日経平均株価、ニューヨークダウなどの指数に連動するもの。詳しくは3章で紹介）はなかった。

アメリカで一般向けのインデックスファンドが登場したのは1970年代半ば。日本で低コストの国際分散したインデックスファンドが大手から誕生したのは2008年前後だ。投資信託よりも個別株式をやるのが主流で、父はホンダ、三菱銀行（現三菱ＵＦＪフィナンシャル・グループ）といった大企業の株をずっと持っており、実家の住宅ローンの頭金は株の売却益で支払ったという。

子供のころには会社四季報（上場企業すべての業績情報が載っており、個別株投資家にとって重要な分厚いデータ集）が家に転がっていた。また、母も父の影響で大企業の優良株をながらく保有していた。このため、株式投資に対する忌避感が我が家にはなかった。

しかし自分が投資することは特に考えていなかった。

社会人になると贅沢に興味がなく、自分なりに飲みや遊びに行っているつもりでも資産は徐々にたまっていった。

入社後しばらくは地方で働いていたが、29歳のときに東京本社に戻ってきた。そのときは3000万円ほど預貯金があった。最近のSNSでは20代で1000万円、2000万円の資産を持つ人がごろごろいるが、当時は独身だったし、自分としては満足のいく資産だった。

そのころ、当時の橋本龍太郎総理大臣は「日本版ビッグバン」という政策を盛んにPRしていた。宇宙の爆発や韓国の人気グループのことではない。1980年代にイギリスのサッチャー政権が行った金融業界の自由化を「ビッグバン」と呼び、日本でも護送船団、横並びといわれて規制でがんじがらめになっていた金融行政を変えようというものだった。各種手数料の自由化、個人のFX取引の開始、ネット証券が認められるなど改革は多岐にわたり、1997年の新語・流行語大賞トップテンに選ばれるほど。

実はぼくは流行の言葉に弱く、日本版ビッグバンという響きも良かったため、手数料が安くなった株式投資や、個人にも本格的に認められた外貨預金を、300万円を元手にやってみようと思ったのだ。

もちろん投資の知識は皆無。個別株を買う際に最も基本とされる、さまざまな用語も知らなかった。ただメディア企業に勤めているため、インサイダー取引などにならないよう社の規定に従うのはもちろん、直接自分が取材する企業は避けた。

そうして、1998年の初夏、東京銀行（現三菱UFJ銀行）や野村証券の窓口へ現金を握りしめて訪れ、東京銀行の外貨預金に100万円、ゲームが好きだったのでスクウェア（現スクウェア・エニックス）、ドラマが好きだったのでフジテレビ（現フジ・メディア・ホールディングス）株、それにヨーロッパ株の投信を購入した。

その後、野村証券がオンライントレードを始めたのと、結婚して家計に余裕ができたことから徐々に投資先も増えていった。

ニュースを見て、堀江貴文氏が逮捕されてIT企業の株価が一斉に下がったためソフトバンク（現ソフトバンクグループ）の株を購入。丸紅の株が100円を切り、いくら何でも潰れることはあるまいと購入しのちに8倍ぐらいに上昇して売却と、勉強しない割には結果オーライが続いた。

札幌に転勤になったため、株主優待目当てで日本航空の株を買い、東京に戻ったため売り払ったところ、後に経営が破綻して株価がゼロになってしまい、危うく難を逃れたなど運だけでそれなりの結果を出し、2007年の初めには資産は2000万円に達していた。

しかし、調子に乗っていたのはそこまで。

3月にたまたまニュースで、FX投資をしていた主婦が数億円儲けたのに脱税して逮捕されたというのを見てしまった。自分ならもっと儲かるに違いない。

それまで投資で痛い目にあったことのないぼくは、舞い上がってしまった。

さっそくFXの口座を開設。株の売却と外貨預金の解約で数百万円の資金を作って参入した。FXが大儲けできて大損する理由は、レバレッジといって手持ち資金よりもはるかに大きな金額を扱えるため。預けた証拠金の何倍も投資でき、当時レバレッジは25倍だったので、100万円投資したら2500万円の資金を運用することになる。仮に4%自分の予想と逆に変動しただけで資金はゼロになってしまう。

また、スワップといって金利差を利用して毎日預金の利子のようにおカネがもらえる仕組みがある。

そのスワップが一番ついていたのが英ポンドだった。円売り英ポンド買いのポジションを持っていれば、レバレッジがかかるため毎日!数%のスワップが入る。そのため数百万円投入した。

春のうちはそこそこ儲けが出ていた。

ところが、7月に入って予想に反して円高が進んで、どんどん損が出てしまう。レバレッジをかけた取引は、証拠金が足りなくなると追加しなければ、投入資金はパーになってしまう。

焦ったぼくは株をさらに売却して資金を作り投入していった。

予想では円高は一時的なもので、あとちょっと我慢すれば円安に反転する。そうすればスワップの分もあるから、今までの損失を全部取り戻すどころか、儲けに突入するんだ！

ＦＸの特徴は海外でも為替取引が行われるため、ほぼ24時間取引ができること。さすがに勤務中に取引することは自制していたが、ニューヨーク市場が開いている日本時間の夜中から明け方にかけて取引を行い、だんだん寝不足となり、ますます心理的に追い詰められていった。競馬で負けた人が次のレースこそ勝つとあり金を全部はたいたり、ゲームで課金している人が次こそ良いアイテムが出るとどんどん課金したりするのと同じ。完全な中毒だ。

あせって情報商材に手を出したのもそのころ。

よく考えれば**情報商材を読んで儲かるのだったら、多くの人がその情報商材を買ってみんなが儲ける**。しかし、現実にそんなことはありえない。

当時、ネット掲示板の「2ちゃんねる」が全盛期で、そこの投資関係のスレッドをよく見ていたが、ぼくと同様に大損をして阿鼻叫喚の状況に陥っている人がたくさんいた。みんな藁にもすがる思いで円安になることを祈っていたし、根拠もなく信じていた。

レバレッジをかけなければ、円高に多少振れても問題はなかった。

しかし、大儲けを焦って高いレバレッジをかけたため、月給分のおカネが数分でなくなった。多分、そのころのぼくは荒んだ顔をしており、一見、平静を装っているものの内心はパニックに陥っていた。日中はまだ気持ちを切り替えて仕事に臨み、むしろFXのことを忘れるために仕事に熱中したが、仕事が終了したら肉体的にも精神的にもヘロヘロになった。

そしてついに終戦。

妻と家計は別にしていたため気づかれなかったが、資金をこれ以上つぎ込むと家計のおカネも使い込みかねない。

カネの切れ目が縁の切れ目というわけではないが、付き合っていた当初から妻に頭の上がらなかったぼくは、さすがに家庭に亀裂を入れてまで追加資金を投入するのは何とか思いとどまった。この時点で損失は700万円。資産の3分の1以上、当時の年収より多い額を、数か月で失ったことになる。

今なら笑い話になるが、当時は茫然自失していた。

追い打ちをかけたのが2008年のリーマンショック。株式はかなりを売却したが、それでもソフトバンク、任天堂などの大型株を保有していた。それが見る見るうちに減少。その年の暮れには預貯金も入れて資産は500万円を切った。実に資産が4分の1まで減ってしまったのだ。

もう投資なんかやめよう。

投資と投機の区別すらついていなかったぼくはそう思って、証券口座を3年ほど開くこともなかった。

最近、『FX戦士くるみちゃん』（でむにゃん原作、炭酸だいすき作画・KADOKAWA）というマンガを読んだが、原作者自身がFXで修羅場をくぐったこともあり、キャラクターはかわいい女の子なのに、極限の心理状態は当時のぼくそっくりで心が痛くなった。ちなみにくるみちゃんの母親はFXで失敗して、家族の預金を使い果たして自殺してしまう。自分がそこまで追い込まれなくて良かったと心の底から思った。投機の怖さを知るにはうってつけのマンガなので一読を勧めたい。

＊

さて、2009年になって待望の娘が生まれた。

娘のためにできるだけのことはしようと決意。それが今でも続いている。

教育資金を捻出しなければならないが、リーマンショックで大損したのは前述のとおり。そのため、徹底した倹約に努めた。弁当、水筒、ちょっとした距離を歩くのは当たり前。さらにポイ活、ふるさと納税などを駆使して、年250〜300万円ほど捻出。預貯金に回した。

そのころ、日本の株価は東日本大震災もあって低迷続き。すでに国際分散された低コストのインデックスファンドや先進的な独立系投資のアクティブファンド（アクティブファンドとは、インデックスを上回ろうとするファンド。詳しくは3章で紹介）は登場していたが、投資を一切シャットダウンしていたぼくは気づかなかった。メディア企業にいたのに、自分の関心のないニュースにはまったく触れないものだと、今になっては思ってしまう。

リーマンショック後の株価が暴落しているときに追加投資をしていれば、大儲けできただろう。今保有している株の中では、当時底値だったソフトバンクなんかがその典型だ。

でも、投資では「たら、れば」を言っても意味がない。それに3年近く投資から離れて、口座の残高すらチェックしなかったことが良かった。投資を実質的に続けていたわけだ。まさに、アメリカの投資格言ではないが、死んでいる投資家が一番リターンが良いのを地で行ったわけだ。

２０１1年に父が亡くなり、数百万円分の株を相続した。相続した株は自分の証券口座に入れなければならず、久しぶりに野村証券の口座を開いた。それとともに、ポイ活でＳＢＩ証券の口座を作ったこともあり、娘のために資金を増やすべく、そろそろ投資を再開しようかと思った。

ただ、理論もわからず投資を始めて運任せで失敗した前回のことは反省した。投資関係の本を読み漁り、インデックスファンドというものに投資するのがどうやらベターな投資法らしいということを知った。

このとき、最も参考になったのはアメリカの投資本で、バートン・マルキール著『ウォール街のランダム・ウォーカー　株式投資の不滅の真理』（井手正介訳・日本経済新聞出版）、チャールズ・エリス著『敗者のゲーム』（鹿毛雄二、鹿毛房子訳・日本経済新聞出版）の2冊。翻訳書ということで読むのに苦労したが、基本的に両方ともインデックス投資がいかにすばらしいかを理論的に紹介している本であり、それに納得したのだ。

ちょうど、民主党政権が終わり安倍晋三氏が総理大臣に返り咲いた。アベノミクスで株価が上昇する気配が漂ってきた。ぼくは2011年の夏過ぎに投資を再開し、さらに自分で記録をつけるようになったのは2012年からだった。

当時の資産は2000万円ちょっと。

アベノミクスで株価が底を打ったのと、娘が生まれてから倹約に努めたこともあり、FXで大損する前の自分史上最高水準まで戻していた。

たまたま、レオス・キャピタルワークスの藤野社長、セゾン投信の中野晴啓社長(現なかのアセットマネジメント社長)、コモンズ投信の渋澤健会長の3人が「草食投資隊」という投資の勉強会をスタートしていた。投機のような肉食投資でなく、ゆっくりコツコツと資産を増やす草食投資を掲げていた。ぼくも参加し、投資業界のスターともいえる3人に直接教わり、参加者同士でさまざまな意見交換ができた意義は大きかった。

そのころは、投資はまだまだ日陰者。会社で投資をしているなんて公言したらギャンブル狂と思われかねない、という時代だった。

そんな時代に、個人投資家同士が勉強会やその後に居酒屋で開かれた懇親会で率直に思いや悩みを語り合えたのは貴重な財産となった。

投資のオフ会は怪しげな商品の勧誘や参加者同士の喧嘩などがあり、今でも怖い部分がある。

しかし、そうでないものもある。ぼくは草食投資隊やもっと後に行われるが金融庁や三菱ＵＦＪアセットマネジメントなど主催者がしっかりしたところの懇親会、さらに、ファイナンシャルジャーナリストの竹川美奈子さん、雑誌「投資信託事情」編集長（当時）の島田知保さん、投信ブロガーのｒｅｎｎｙさんが主催して、コツコツ投資を応援しようという「コツコツ投資家がコツコツ集まる夕べ」に参加。この会は現在、北海道から沖縄まで各地に広がっており、東京での会合には今でも参加している。

このほか、著名投信ブロガーの水瀬ケンイチさんらが実行委員となっている「インデックス投資ナイト」（こちらはコロナ下ではオンラインだったが、２０２４年７月に久しぶりにリアルで開催され、ぼくもようやくリアル参加した）など、信頼できるオフ会にはどんどん顔を出した。また、「投信ブロガーが選ぶ！ファンド・オブ・ザ・イヤー」（２０２４年から「個人投資家が選ぶ！ファンド・オブ・ザ・イヤー」）というアワードと表彰式があることを知り、２０１２年9月からは自分のブログ「夢見る父さんのコツコツ投資日記」も書き始めた。

そして、著名ブロガーのほか、金融庁の職員、経済評論家、金融専門の大学教授、金融機関の幹部ら大勢の人と直接、話ができて投資に関する知識、人脈が広がった。

そのおかげか、金融庁やＳＢＩ証券、ニッセイアセットマネジメントなど金融機関の座談会に呼ばれ、日経新聞、ＮＨＫ、ウォール・ストリート・ジャーナルなどのマスコミの取材も受けた。メディア企業に所属して他の人を取材することはあったけれど、何度も自分が取材を受けたという人は周囲にいなかったと思う。

当時は共働きで子供もまだ小さく教育費用もそれほどかからなかったため、年間３００～４００万円を投資に回していた。

海外株式はインデックスファンドをメインに、国内は草食投資隊の各社などのアクティブファンドも購入。このほか、外国債券、金ＥＴＦ、ＲＥＩＴも購入していた。外国債券と金ＥＴＦは資産管理が面倒になるため、のちに全部売却。ＲＥＩＴは自宅マンションを30年ローンで購入したのをきっかけに、不動産を別途に購入しても意味がないと思って売却した。

アベノミクスによる株高円安で、資産は順調に増えていった。

ＮＩＳＡや勤務先が導入した企業型確定拠出年金もすべて満額で活用。２０１３年には３０００万円、14年には４０００万円と年間１０００万円ペースで増えていき、会社からもらう給料よりはるかに多い収益（売却していないので確定益ではない）を得るようになった。２０１２年に買ったＮＡＳＤＡＱ１００のＥＴＦは２０２４年11月現在、株価は12倍になっている。インデックス投資は大儲けできないといわれるが、なかにはこうした例外もある。

このことは生活にもプラスとなった。

極端な倹約はしなくなり、保活が大変だったので娘を自費で私立の保育園に入れても大丈夫になった。また、映画関係の仕事もしたので、映画にはまってしまい、年間３００本近い映画を観るようになるなど趣味にもおカネを使えるようになった。寝たきりに近い状態になった母の介護をすることになったが、その費用も賄えた。

そして、２０１９年に早期退職を勧奨される。

その際の資産は７０００万円弱。退職金を入れればＦＩＲＥができると判断した。

さらに退職が２０２０年2月末で、退職金を支給された3月はコロナショックの真っただ中。退職金の多くをアメリカのインデックスファンドにぶちこんだところ、今や３倍近くになっている。

コロナで多くの人が失業、病気など大変な目にあっている中、自分の運の良さは世間に対して申し訳ないと思ったほどだった。

再就職は２０２０年の10月。その頃はコロナ後の株価上昇もあり、資産は１億円を突破した。

その年の12月、ビットコインを初めて購入した。

それまで自分の理解できないものには投資をしないと思っており、投機性が高いので、うさんくさく思って関心は持たなかった。けれども、投資をすれば理解できるのかなと思い１ビットコインだけ２５０万円ほどで買ったのだ。

ビットコインの価格は、その後乱高下。

税金関係が面倒くさくなることもあり、２０２３年12月に全部売却。買値の2倍ちょっとで売れた。もし２０２４年11月まで持ち続けていれば、買値の5倍になっていたが、やはりビットコインのことは理解できないままだったので、もう投資することはないだろう。

もう一つ、インフルエンサーの言動に従って、大勢の投資家が殺到する「イナゴ投資」にもチャレンジした。

ある企業の創業会長がツイッター（現X）のインフルエンサーで、PRが巧みだったため、2021年にその企業の株価が暴騰した。6月に1100円台だった株価が10月には5万円台（株式分割があったため、なかったと仮定した金額）にもなった。ぼくは創業会長の言葉を信じて、8月に投資をして500万円が10月には3000万円ほどになった。

しかし、どう考えても急上昇しすぎ。怖くなって10月に手放した後に株価は大きく値下がりする。2024年11月現在は、ピーク時の10分の1以下になっている。会長が高値を付けた時に持ち株の一部を売却したこともあり、SNSでは高値づかみで損をしたイナゴ投資家の恨み節が多く流れた。

ぼくが他のイナゴ投資家のように失敗せずに売り抜けられたのは運にすぎない。けれども、かつて自分の運を過信して失敗したことがまた起きないとも限らない。幸い今回の儲けは手取りでも、FXで失った700万円の3倍近くにもなる。これで一生分の運を使い果たしたと思い、投機は二度としないと誓った。

*

もっとも、人間は欲に弱い。

2022年の11月、著名な投資ユーチューバーがレバナスという商品をアピールし、ちょっとしたブームになった。これはハイテク企業中心の米NASDAQ100インデックスに2倍のレバレッジをかけるもの。コロナ禍でハイテク企業の株価が上昇する中、さらなる儲けをねらったものだ。レバレッジ2倍なら単純に考えて元の株価が10%上がった場合には、レバレッジのお陰で20%上昇したことになる。多くの投資家が飛びついた。

しかも、同時に野村証券の口座で株や個人向け国債を保有していれば、同社の証券ローンで1・5%の金利でおカネが借りられる制度があることを知ってしまった。レバナスはインフルエンサーが儲かると言って、みんなも儲かると飛びついている。これは長期投資だから投機でないと自分で自分を納得させて、証券ローンで1200万円を借りてレバナスと、S&P500（アメリカの株式500銘柄を対象にした指数。

詳しくは3章で紹介）にレバレッジをかけた投信を購入した。

年が明けてロシアがウクライナに侵攻。世界的なインフレが起きて、金利高に弱いハイテク株は総崩れとなった。レバナスも大きく目減りし、一時は40％のマイナスになった。これが足を引っ張って、春ごろには年初来から資産が３０００万円近くも目減りしてしまった。リーマンショックのころにＦＸで作った７００万円の損失額の４倍だ。でも、ＦＸの時は資金を溶かしてパーにしてしまったけど、今回は中長期的には戻ると思って、むしろ目減りを面白がる余裕もあった。そして、追加で投信を購入したほど。

２０２４年7月には40％のマイナスもすっかり取り返した。このまま持っていてもいいけれど、リスクは減らしたいので、半分を売却。残り半分は依然保有している。

一時期目減りしたことよりも、いかにネットニュースなどでもてはやされたとはいえ、どこの誰とも知らない人をうかつに信じた自分は、投資の大原則を曲げてしまう愚か者だと痛烈に反省した。これ以降、新しいものへの投資は原則取りやめた。

＊

現在、自分の資産配分は先進国株式50％、日本株式25％、新興国株式15％、個人向け債券10％にしており、年を重ねてもこのまま堅持していくつもりだ。**日本株式と新興国株式の比率が高いのは日本を中心としたアジアの成長を信じているから。**

「myINDEX」というネットサービスでは、株式、債券、ＲＥＩＴ、金、預金など主な分野の過去のリターンをもとに、自分が好きなように配分した場合のリターン、リスクを無料で算出してくれるので、自分で組み合わせを考えたい人には便利だ。

サイトでの試算によると、ぼくの資産配分では２０２４年10月から過去20年、平均９％成長していた。過去10年なら平均11％にも上る。株式投資の想定リターンが５～６％とする従来の考えからすると、この20～30年はＩＴ技術の進歩、世界的な低金利などで極めて高いリターンをたたき出している。

今後も高リターンが続くか、それとも平均並みに戻っていくのかは神のみぞ知る。場合によっては大きく下がって、平均を引き下げようとするかもしれない。

しかし、人生100年時代のゴールはまだまだ先だし、娘へ世代を超えて受け継ぐものだとすれば、さらに時間は長い。

長期間株価が下落したとしても、気にせず投資は続けていく。

2024年5月、ついに金融資産が2億円を突破した。

自宅の価値を不動産の売却サイトを使って調べると、総資産が3億円を超える日もそう遠くはない。もう十分に資産はできたといえよう。

ちなみに現在、新規に投資をしているのは、従来から続けているiDeCo（個人型確定拠出年金）と、いくつかの日本株アクティブファンドだけ。レバナスを一部売却した分は、オルカンを中心に購入。個別株式の銘柄入れ替えも行ったが、今後はもうやめようと思っている。

新NISAは、旧NISAで満期になった先進国株式のインデックスファンドを活用。100万円投資したのが300万円以上になったため、すんなり枠を全部埋められた。成長投資枠240万円は1月に一気に購入。つみたて投資枠もSBI証券のボーナス設定を利用して、1月中に2日に分けて購入した。2025年も1月中に全額投資するつもりだ。

ｉＤｅＣｏは今の勤務先に企業年金がないため、月２万３０００円の掛け金を、先進国株式７に対して新興国株式３の割合で行っている。

ｉＤｅＣｏは60歳で定年になったら新規購入は終了。新ＮＩＳＡも満額投資を続ければ５年で終了する。アクティブファンドの積立も60歳でやめる予定。その先は宝くじで大金を得るなどの空想的な出来事を除けば、新規投資自体が終了、取り崩しの時期に入る。

これが、ぼくの投資遍歴だ。

3章

ぼくの投資術

第14の真実
NISAとiDeCo

投資といえば何が思い浮かぶだろう。やはり今ならNISAとiDeCoに違いない。両方とも、政府が個人投資家に税制などで優遇する措置で、できるだけ利用した方がいい。すでに知っている人も、おさらいの意味で一読してほしい。

まず、NISAは「少額投資非課税制度」というが、年間投資額が一人360万円まで、いくら利益が出ても税金はいらないという画期的な制度だ。生涯で利用できる投資額は1800万円にも上るから、大半の人はNISAを満額にするだけで老後資金問題はほぼ解決する。

通常、投資の利益には20・315%の税金がかかる。長期投資をするうえで、結構、頭の痛い問題だ。例えば長期投資の結果、2000万円儲けたら、406万円も税金を取られてしまう。NISAはその406万円が丸ごと手に入ってくるのだから利用しない手はない。

2023年までは年間の利用可能額が最大120万円で、期間も5年だった（旧N

ISA)。2024年から利用可能額が3倍に拡大し、恒久化されるという大盤振舞いがされた(旧NISAに対し新NISAということがある)。

ネットでは株高のための政府の陰謀なんていうトンデモ論もあるが、制度の導入は老後資金対策に私的年金の充実が必要と政府が認識しているため。NISAによって自助努力して、増やした分を老後資金に充てることを想定しているものだ。

もちろん、**NISAで儲かった分を明日の消費に使っても何ら問題ない**。

NISAでは年間360万円で生涯枠が1800万円だけど、生涯枠がいっぱいになっていても途中で売却したら翌年その分が復活する。投資元本が1800万円になって、もうNISAを使える枠がいっぱいになっても、100万円分を売却したら翌年その100万円分は復活するというものだ。

また、年間360万円のうち、240万円は成長投資枠といって株式、投資信託どちらでも使えるが、120万円はつみたて投資枠といって投信を積立で購入しないとならない。株式、投信も国が認めたものに限っており、倒産寸前の会社や投機的な投信は対象外となっている。

一方、iDeCoは「個人型確定拠出年金」といって、運用益が無税なのはNIS

Aと一緒だが大きく違う点が3点ある。

一つ目は原則60歳まで引き出せないこと、二つ目は毎年iDeCoを利用した金額によって、翌年の税金が安くなること。三つ目は60歳以降の受け取り額には優遇措置があるとはいえ、税金がかかるということだ。また、運用対象は投信のほか預金などの元本確保型商品もある。

60歳まで引き出せないことで、使い勝手が悪いと敬遠する人もいる。しかし、あくまでも老後資金のための年金なので、60歳までずっと投資を続けられるメリットは大きい。途中で引き出して長期投資の効果をなくしてしまう、なんてことがないからだ。離婚や自己破産した場合も、自分のiDeCoはしっかり守られる。財産分与で配偶者に支払うなんてことはないのだ。

二つ目の税金が安くなるのは結構大きい。個人の所得額によるのだけれど、年収700万円の人だったら、ざっくり投資した資金の3分の1（所得税20%、住民税10%）が戻ってくる。年間に投資できる金額は、その人の働き方によって違うが、最大年81万6000円までになるから、結構、税金が安くなる。ただし三つ目の受け取り時の税金と絡むのだが、あくまでも運用資金を拠出した際の税金の先送りという考え。

受け取り時には供出した元本と運用益双方に税金がかかる。もっとも、退職金への税金はかなり優遇されている。**iDeCoは企業の退職金と合算して控除額が決まる**ので、退職金の少ない人、無い人の方が使いやすい制度といえる。自分がどういう働き方で、どのくらい税金がかかりそうなのかは、千差万別なので各金融機関に問い合わせてほしい。

NISAとiDeCoどちらを利用すればいいのかというのも人によって違う。前に登場してもらったあんずさんは、退職金は見込めないし転職も考えている。そのため、その分をiDeCoで補完したいと考えている。また、あんずさんが結婚を考えている利夫さんは退職金がたっぷりもらえそうな大手企業に勤めているのでNISAを中心としている。そのため、家庭で見ても夫がNISA、妻がiDeCoと補完できる。

一方、50歳の真司さんは今までNISAもiDeCoもやってこなかった。iDeCoは50歳以降に加入すると受給開始年齢が遅くなってしまう。また、60歳でリタイアを考えている真司さんは、運用する時間も10年と短く、投信を購入して大暴落などが来たら取り戻せない。そのため、NISAをメインにするようにした。

このように自分のライフスタイルに合わせて、どちらをメインにするか考えよう。

もちろん、資金に余裕があれば両方満額でもいい。ぼくはそうしている。

第15の真実
ネット証券の魅力

では実際に投資を始めるにはどうするか。

まず、銀行か証券会社に口座を開く。

ネット証券だけでなく最近は大手銀行もオンライン上で手続きが完結するからそれほど難しくない。職員に聞きながら開きたい場合は銀行か対面証券（野村、大和など窓口で応対してくれる証券会社）に行ってみよう。窓口の予約はお忘れなく。

投資信託でいいなら取引先銀行でも証券会社でもＯＫ。株式をやりたいのなら証券会社だけだ。この二つの違いはあとで詳しく説明する。

個人的にお勧めなのはネット証券だ。

手数料が安いし、商品の品ぞろえが豊富。ＩＴリテラシーがあれば、さほど難しくなく口座を開設でき、取引もできる。暗号資産やＦＸも手掛けているので、将来、そういった資産に投資したい場合もネット証券が良い。

ネット証券は現在、ＳＢＩ証券と楽天証券の２強となっている。サービスに大きな差はないと思う。

ＳＮＳでは楽天証券の画面操作性が良いという声も見られるが、ぼくは長年ＳＢＩ証券をメインに使っているため、ＳＢＩの方が好み。また、ネット証券各社はポイントやクレジットカード、関連会社との提携に力を入れており、それで選ぶというのも一つの手だ。

ポイントサービスは取引や保有残高によって付与されるパターンが一般的。ＳＢＩ証券はＶポイントやＰｏｎｔａポイント、楽天証券は楽天ポイント、マネックス証券はｄポイント、ａｕカブコム証券はＰｏｎｔａポイントなど、証券会社によってたまったり使えたりするポイントは違う。提携クレジットカードで積み立てるとポイント還元率がアップする。

ＬＩＮＥヤフー傘下のPayPay証券は、PayPayとシームレスに連携している。

マネックス証券は２０２４年からＮＴＴドコモの子会社に、ａｕカブコム証券はその名前の通りａｕのグループ会社と、自分のスマホとの連携サービスもある。どのネット証券でどのポイントが利用できるかは比較サイトに山ほど出ているので、口座を開く前にチェックしてほしい。

ＳＢＩ証券と楽天証券は国内の株式手数料が原則無料。投信は各ネット証券が購入手数料無料のものを取り揃えているのも有利だ。投信はネット証券では購入手数料が無料でも、対面証券や銀行では有料のものもある。これも、金融機関に口座を作る前に検討しよう。

銀行のメリットは、自分の取引先の銀行をそのまま利用できること。特に自営業で取引銀行との関係を深めたい人は、銀行の利用を検討していい。投信用の口座を作らないとならないが、手続きは難しくない。

開設後はオンラインバンクを使えば、支店に連絡を取らなくても簡単にネットで取引ができる。ぼくの場合、三菱ＵＦＪ銀行で投信を持っているが、オンラインバンクでないと売っていない手数料無料の投信もあるから、注意が必要だ。

銀行は窓口にいけば資産運用の相談に乗ってくれる。正直、手数料の高い商品をセールスされることがあるとも聞くが、どうしても他人に相談しないと不安な人は銀行を検討していいのでは。

対面証券は、ネット証券より割高な商品を扱っていることが多い。株式の売買手数料も割高だ。メリットとしては、銀行同様、職員のアドバイスを受けられること。さらに、資産が大きくなって証券会社からお得意さんとして扱われると、特別なサービスを受けられる。

ぼく自身は対面証券にそれほど預けていないのでたまにしかないが、新しく会社が証券取引所に上場（ＩＰＯという）する場合、お得意様にその会社の株を割り当てたり、外国債、社債でお得そうなものがあった場合に連絡したりしてくれる。

注意したいのは金融機関の窓口の職員は販売のプロであり、投資のプロでないこと。また、職員は当然、勤務先の金融機関のために働いている。

かつて大手証券会社は小口顧客を軽視していたとされる時代があり、ノルマのために高額な手数料の投信や、機関投資家（保険、年金などの超大口投資家）や大口の投資家が不要になった株式を、小口の顧客に売りつけることもあったそうだ。元金融機関の人がそうした体験を話すこともある。

金融庁も、巧みなセールスで高い手数料の投信を次から次へと売買させる手口を回転売買として、問題視した。この10年で、金融庁は各金融機関に顧客を優先するよう指導する姿勢に変わっている。このため、回転売買やいかがわしいセールスはかなり減ってきた。

しかし、ここ1、2年だけ見ても複数の銀行、証券会社が顧客に十分説明しないで複雑な商品を売りつけたとして金融庁から処分を受けている。大手銀行系証券会社も不当な勧誘を行ったとして、東京地裁で顧客に賠償金を支払うよう命じる判決を受けている。

また大手証券会社の社員（当時）が顧客宅に放火して大金を奪ったとして逮捕された事件もあった。

こうした事例が氷山の一角なのか、それとも非常に珍しいケースなのか正直わからない。でも、リスクを避けるためにも初心者は自分で最低限の勉強をしたうえで、ネット証券を選ぶことをぼくはお勧めする。

第16の真実
投資信託から始める

さて、どこかの金融機関に口座を開いたら、いよいよ実際に投資を始めるにあたっての具体的なアドバイスに移る。まず、考えないといけないのは何に投資をするのかということだ。

前に述べたように株式へ国際分散投資をすることが一番お勧めだけど、株式投資の対象は大きく分けると、個別の株式と投資信託の二つがある。

個別の株式というのは自分で選んだ株に投資をするもので、証券会社の口座が必要となる。アメリカ、中国など一部の外国の株はネット証券などで手軽に投資できる。取引手数料も以前に比べてずいぶん安くなり、NISAで米国株に投資する場合、手数料を無料にしているネット証券もある。

投信は自分ではなくて、プロのファンドマネージャーに複数の株を選んでもらう商品だ。大勢の個人投資家からおカネを集めることで、投資資金が多額になるからたくさんの株を購入することができる。投信によって何に投資をするか変わってくるので、投資家はそこの違いで選ぶことができる。

現在、日本には約4000社が上場して、個人投資家が簡単に取引できる。個人が簡単に購入できる投信（公募投信）は約6000本と、個別銘柄数より多い。投信は全世界の株式を対象とするものから、日本の銀行だけ、インドの株だけ、京都に本社がある会社だけ、アメリカのハイテク企業の株価の3倍の動きをするなど、さまざまな種類のものがある。

さらに、投信はインデックスファンドとアクティブファンドの2種類に大別される。インデックスは「パッシブ」といわれる手法で日経平均株価、ニューヨークダウなどの指数に連動するもの。アクティブはそのインデックス（ベンチマーク）を上回ることを基本としている。

投信は持っているだけでコスト（信託報酬）がかかるが、インデクスファンドの方が全体的に安い。

国内株のインデックスでは旧東証一部全部で、現在はプライム市場を中心としたTOPIXが2025年1月で約1700銘柄と、日経平均に採用されている225銘柄よりも多く分散効果が高いので、機関投資家は一般的にこちらを使う。

よくメディアで出ている日経平均は、文字通り株価を平均するため、ファーストリテイリング（2024年11月29日の株価5万1110円）といった値段の高い株（値嵩株）の影響の大きさがデメリットとされることも、機関投資家がTOPIXを多く使う要因となっている。

また、アメリカ株も同様に、500銘柄を対象にしたS&P500の方が、30銘柄しかないニューヨークダウよりメジャーだ。

このほか全世界株式のインデックス、アメリカのハイテク株を中心としたNASDAQ市場の上位100社からなるNASDAQ100、先進国や新興国だけのインデックスが日本では人気がある。

投信は証券会社のほか、銀行や郵便局（ゆうちょ銀行）でも購入できるし、投信を運用している会社から直接買うこともできるが、金融機関によって取り扱う銘柄が異なっている。**1日に一度しか値段がつかないし、購入時にはその価格がいくらか正確にわからないというのが特徴だ。**

株式の場合は原則、証券取引所が開いている時間（東京証券取引所なら午前9時〜午後3時半）なら、いつでも取引ができる。買いたい人と売りたい人の値段をマッチングさせ値段がつくから、取引時間中はリアルタイムに値段が変わり、いくらで買いたいと値段を指定する指値《さしね》も可能だ。指値がよくわからなければ成行《なりゆき》といって、いくらでもいいから買いたい、売りたいというと、現在の株価で取引を成立させようとする方法もある。

投信の場合、株式の終値（東京証券取引所なら午後3時半の取引終了時点の価格）によって、その値段（基準価額という）が決まる。しかし、日本株を対象にした投信は、原則午後3時までに注文しないと、その日のうちに投信を買えない。だから、終値が決まらない時点で注文を出すため、だいたいいくらくらいという見通しがついても、正確な価格はわからない。

まして海外株の投信は、時差が影響する。例えばニューヨーク証券取引所の営業時間は日本時間の午後11時半から翌日の午前6時（夏時間期間中は午後10時半から翌午前5時）になる。そのため、当日に出した注文が翌日以降にならないと買えないことになる。ますますいくらで買えるかわからないというわけだ。

ただ、これまでも強調したように中長期で株価が上がるという考えに基づいての投資だから、その日の株価が高かった、安かったは長期投資には影響がないといえる。

投信のなかでも、証券取引所で売買できるETF（上場投信）というのがあり、これは投信だけど取引時間中ならリアルタイムで購入できる。日銀が日本株を購入する際はETFを活用していたこともあり、プロからも注目される投資商品。ぼく自身は、ETFは全世界に投資するものや、アメリカのハイテク企業に投資するものなど4種類持っている。

初心者は投信をベースにすることをお勧めする。

余裕や関心があれば個別株、さらに余裕があれば暗号資産、金など他の投資商品に手を広げればいい。なぜ投信がベースになるかというと、少額で国際分散が手軽にできるからだ。投信の場合、ネット証券では100円から買える。さらに、Vポイント、楽天ポイントなどポイントだけで投資することも可能だ。

日本株は単位株といって通常は100株単位で購入するため、一般的に数万円から数百万円かかる。最近はミニ株といって1株だけ購入可能なところもあるが、国際分散投資を手軽にやろうとするとやはり投信に軍配が上がる。

2024年から始まった新NISAで一番人気があるのは、前にも紹介した三菱UFJアセットマネジメントが運用している「オルカン」こと「eMAXIS Slim 全世界株式」だ。ぼくももちろん購入している。

オルカンは日本、アメリカ、イギリス、中国、インド、ブラジルなど世界47カ国・地域の約3000社に投資している。時価総額の大きい企業から購入。円だけでなく、ドル、ユーロ、中国元、インドルピーなどさまざまな為替もあるため、個人でこれだけのものに投資をするのは極めて困難だ。

世界を代表する大企業に投資をしており、2024年10月現在、NVIDIA、アップル、マイクロソフト、アマゾン、メタ・プラットフォームズが組み入れ上位。オルカンのうち、NVIDIA、アップル、マイクロソフトは4%程度、アマゾンが2%、それ以外の企業は2%未満から構成されている。日本のトヨタ自動車、三菱UFJフィナンシャル・グループ、韓国のサムスン電子、スイスのネスレ、ドイツのメルセデス・ベンツグループなど名だたる企業を購入している。

これだけの企業が一斉に倒産するというのは、前に触れたように核戦争などで文明が崩壊することぐらいしか思いつかない。3000社の株価が長期にわたって一斉に下がりっぱなしということも、資本主義のメカニズムからすると考えにくい。だから、

オルカン一本あれば良いという言説は、理屈を納得していればおかしいとは思わない。

オルカンの国別比率はアメリカが64・1%、日本4・7%、イギリス3・1%の順（2024年10月現在）。よく同シリーズの米国株式（S&P500）とどちらが良いか議論になる。でも、アメリカに6割投資しているから、それほど大きな差はつかないし、分散の重要性のところでも指摘したが、ぼくはこちらの方が好き。でも、アメリカ株の比率を上げるために両ファンドを購入するのも可能だ。

全世界株式や米国株式に投資するファンドはいろんな運用会社から出ているが、今回eMAXIS Slimを紹介しているのは、三菱UFJアセットマネジメントがこのシリーズについて業界最低水準のコストを将来にわたってめざし続けるということを掲げているため。オルカンの残高にあたる純資産総額も2024年9月に4兆円を超え、規模の利益でコスト面で優位に立てるから安心できる。

ちなみに、インデックスファンドの場合はコストが非常に重要になる。なぜなら、将来のリターンがどうなるかは誰にもわからない。しかし、コストならば今、投資家の意思で安いものを選択できるからだ。コストがかかる分、投信のリターンが押し下げられる。0・1%違うだけでも長期投資で考えると大きな差が出てしまう。だから、オルカンは人気がある。

前にも触れたが、ぼくも投票している「投信ブロガーが選ぶ！ ファンド・オブ・ザ・イヤー」では、個人投資家の目線に立って良いファンドを表彰していて、オルカンは5年連続で1位をとっている。まずは投信を選ぼう。

第17の真実
アクティブファンドの「哲学」

オルカンは全世界の株式市場の指標に連動するインデックスファンドだ。一方、インデックスを上回ろうとするのがアクティブファンドだが、どんな専門家にも未来が予知できないから、アクティブファンドの成績はインデックスに比べて落ちるものが多い。

投資信託協会が2024年3月に発表したレポートによると、過去10年のインデックスファンドの年間平均リターンは8・3％だったのに対して、アクティブファンドは5・7％。年間2・6％も違うと、複利効果もあり長期投資になると膨大な差がついてしまう。これは世界的に見ても同じ状況。アメリカ株では投資期間10年ではアクティブファンドの9割がインデックスファンドに負けるという調査も出ている。

インデックスは指数だから、全体の平均成績といえる。

例えば日経平均のインデックスファンドだったら、日経平均の構成銘柄に投資する全投資家の平均が日経平均株価になる。そこから信託報酬と呼ばれる投信運用会社の手数料などを引いた分が投信のリターンになる。

アクティブファンドの場合、指数に連動して買うインデックスファンドと違って、どの会社が有利そうか調査をするし、投資がうまいとされるファンドマネージャーを高給で雇わなければならない。そのため、投信のコストはインデックスファンドよりも高くなってしまい、そのことがインデックスファンドに負ける一つの要因になっている。

さらに、市場を予測するというのは非常に困難だ。

金融関係者や学者が自信満々にする予測は、外れる方が当たり前。２０２３年末に日経ヴェリタスで専門家68人が、２０２４年の株価予想を行った。そのうち、２０２４年中に史上最高値を更新すると予想したのは13人だけ。実際には2月に最高値を更新しているわけだから、専門家と名乗る８割がたった2カ月先の予想すらできなかった。

政府関係者も同様だ。1996年12月にFRBのグリーンスパン議長（当時）が「根拠なき熱狂」という言葉で、現在の株価が高すぎると警告した。しかし、1997年以降、アメリカの株価（ニューヨークダウ）はその時の水準を下回ったことは一度もなかった（終値ベース）。つまり、アメリカ政府の金融政策の最高責任者でさえ、相場がどうなるかわからなかったということになる。

もっとも、インデックスは市場の平均だから、毎年必ずインデックスを上回るアクティブファンドはある。だから、それを選べばインデックスファンドに勝てるのだが、選ぶこと自体が極めて困難だ。

日本の年金制度を支えるため、積立金を資産運用しているGPIF（年金積立金管理運用独立行政法人）は株式投資の大部分をインデックスファンドで運用しており、日本株のうちアクティブファンドは4・5％しかない。GPIFという日本でもトップクラスの専門家たちが選びに選び抜いたアクティブファンドだ。それなのに、みずほ証券によると2023年のリターンはインデックスファンドが41・3％、アクティブファンドは36・5％と大差をつけられている。専門家中の専門家でもどのアクティブファンドが勝つか選ぶのはほぼ無理なのだ。

さらに、アクティブファンドで何年か調子が良いところがあっても、運用するのは人間だから調子が悪くなったり、運用者が定年やそうでなくても加齢で判断力が鈍ったりする可能性もある。例えば日本株で最大のアクティブファンドは、レオス・キャピタルワークスのひふみ投信とひふみプラス（内容は一緒）だが、２００８年の設定後、長くＴＯＰＩＸにリターンは圧勝していたのが、過去3年で見ると大きく負けている。

ではアクティブファンドの意味はないのかというと、決してそのようなことはない。**インデックスファンドはどうしても時価総額の大きい大企業への投資が中心となるため、中小企業へ投資するファンドでは善戦しているところもある。**

大手金融機関の系列ではない投信運用会社を独立系投信というが、運用に工夫を凝らすとともに、購入した人へ長期投資を呼びかけ、好成績なところが多い。

金融庁は２０２４年2月に金融機関ごとに、利用者が利益を上げているかの一覧を発表した。２０２３年3月末時点で、独立系投信ではセゾン投信の利用者の99・5％、コモンズ投信の97・7％、鎌倉投信の96・3％が利益を上げていた。これは楽天証券

84・3%、野村証券84・8%、みずほ銀行68%と、証券会社や銀行を上回る好成績になっている。

独立系投信で損失を出したわずかな人は、コロナショックなどで怖くなって損切りをしてしまったことが原因だという。それ以外の人は、長期投資を掲げたアクティブファンドをずっと所有し続けることで利益を出すことに成功した。

もし、長期投資の概念や、金融機関からの適切な情報がなければ、損失を出したら怖くなって売ってしまい、結果として利益から遠ざかってしまっただろう。

また、アクティブファンドの場合、独立系投信を中心に単にリターンではない投資哲学を明確にしているところもある。

例えば鎌倉投信は「お金を増やすことと社会をよくすることは両立する」とリターンだけでなく、未来を良くすることを目標に掲げている。投資先は「人」「共生」「匠」の観点から良い会社と認めたところだけ。他の投信と違って儲かりそうだからとか、大企業だからとかいう理由で投資をすることはない。

コモンズ投信は会社が受け取る信託報酬の一部で、NPOなど社会起業家への支援を行っている。2024年はテロや紛争の解決に取り組むNPO法人アクセプト・インターナショナルの代表に200万円を贈った。

両社とも個人投資家が参加できる、投信会社と投資先企業を交えたリアルイベント、コモンズ投信の場合は、社会起業家を集めたイベントも開いており、投資をしながら社会をよくする活動に参加できるということで、熱心に応援する投資家も多い。個人投資家同士の交流が生まれたり、鎌倉投信を購入している人がイベントに参加した企業に転職したりなんてことも起きている。

レオス・キャピタルワークスやなかのアセットマネジメントもイベント開催に積極的だ。

投資の状況についても個人投資家を集めてリアルに説明しており、こうしたコミュニケーションがファンを集めることになる。同様のアクティブファンドはいくつもあるので、関心があれば探して、参加してみたらどうだろうか。

ぼく自身、複数のアクティブファンドを保有している。リターンをひたすら求めるというよりも投資哲学への共感や投資手法の勉強になるからだ。

なお、最近では「ウェルスナビ」のような全自動運用のロボットアドバイザーや、ラップ口座といって投資先を証券会社に一任するサービスが各証券会社で行われている。投資資金を出した後はＡＩや証券会社に任せられ、投資に時間を使わなくていいのはメリット。ロボアドは１％程度、ラップ口座は証券会社によるが、さらに高い手数料がかかることがデメリット。その両方を勘案して、利用するかどうか決めよう。

第18の真実
個別株投資＝推しでいい

投資の第一の目的はリターンを得ることだから、投資先の大部分は国際分散したインデックスファンドにすることをお勧めする。

しかし、投資の世界の奥深さを知りたければ、そのうちの一部をアクティブファンドや個別株投資に回すのもいい。

資産運用のコアの部分をインデックスファンドで、それ以外は別の資産で運用するやりかたを「コア&サテライト」といい、ぼく自身も実践している。もちろん、インデックスファンド１００％で何ら問題ないので、むしろ趣味に近いかもしれない。

個別株の投資は、投資信託と違った特徴がある。

資産が少ないうちは集中投資になるため、大儲けや大損といった激しい値動きになる可能性がある。

だが、それ以外に、配当金や株主優待のメリットを享受できる場合もある。

企業が利益を出すと、株主に配当金で還元する場合が多いが、日本の場合は株主優待という制度もあり、両方を出す企業もある。配当金がどのくらいかは企業の業績、株主還元の考え方によって異なる。

年間、株価の3％以上の配当金を出す株を高配当株と呼ぶ場合が多い。最初は高配当株でも株価が上昇した場合は3％を下回って高配当でなくなる場合もある。しかし、株価が安いうちに購入していれば、配当が引き下げられない限り、ずっと高配当の恩恵を享受できる。

例えば2024年11月29日現在、みずほ銀行の親会社のみずほフィナンシャルグループの配当利回りは3・4％。みずほ銀行の預金金利よりははるかに高い。株価が下がれば配当利回りは上昇するし、株価が上がれば配当利回りが下がっても資産価値は上昇する。

配当が支払われるのは会社によって違うが、年1、2回が普通。年金生活者など現金が欲しい人にとっては便利な制度だ。長期投資をする場合は、こうした高配当株投資は個人投資家から人気がある。配当にも通常20・315％の税金がかかるが、ＮＩＳＡを使えば税金がかからないためなおさらだ。

ＪＴ、ＮＴＴやＫＤＤＩなどの大手通信社、商社、銀行などの大手企業が高配当株として人気がある。配当金投資についてはマネックス証券の広木隆チーフ・ストラテジストの著書『利回り５％配当生活』（かんき出版）がわかりやすい。

投信にも分配金といって、配当のように利益を現金で配るものもある。かつては毎月、分配金を払うタイプの投信が人気だったが、高い分配金を支払うため、元本を削って分配金にする「タコ足」と呼ばれるものが続出し、分配金はもらっても基準価額が大きく下がって投資家が損をしてしまうケースもあったことから、長期投資には不向きとして金融庁はＮＩＳＡの対象外にしている。

一方、個別の高配当株はＮＩＳＡで買えることもあり、配当金を狙うのならば個別株の方が良いだろう。

株主優待制度はもともと19世紀のイギリスでスタートしたといわれるが、最近では日本で異常なほどの盛り上がりを見せ、他国にはあまりないユニークな制度となっており、上場企業の4割程度が行っている。将棋棋士の桐谷広人さんが、優待名人としてマスコミにも多く出ているので知っている人も多いだろう。

外食チェーンや家電量販店では店で使える商品券、食品メーカーは自社の製品、ディズニーランドを運営するオリエンタルランドをはじめとするレジャー施設は入場割引など、会社によって優待の内容は違う。クオカードなど金券や商品ギフトのケースもある。特に外食チェーンなどは優待券目当ての投資家が買い支えるため、株価が割高になるといわれる。ただしサイゼリヤが2024年7月に突然、優待廃止を発表したように会社の方針が急に変わることもある。

優待には機関投資家や海外の投資家から反対の意見が上がっている。

例えば、外国企業がディズニーランドのワンデイパスポートを1枚だけもらっても使いようがない。それなのに日本の個人投資家は楽しめる。同じ株主なのに差別であり優待を出す費用は無駄だというもの。個人投資家の中にも優待費用を配当に回してほしいという意見もある。

ぼくはその会社の商品を利用する機会になるし、個人投資家の間口を広げることになるから、別にいいのではないかと思っている。保有株ではアサヒビールの親会社、アサヒGHDの株主専用ビール（2024年で廃止）、小田急電鉄の株主優待乗車証などはありがたくいただいている。

＊

さて、配当金や優待目当てでなく、値上がり益を狙いたいという人もいるだろう。チャートなど株価の動きから予想するテクニカル分析、会社の決算情報などからフェアバリュー（適正価格）を算出して、割安株を狙うファンダメンタルズ分析が主なやり方だ。

しかし、どちらも本格的な勉強をしなければならない。テクニカルならオシレーター（相場の過熱感を表す指標）、MACD（移動平均収束拡散手法）、一目均衡表の雲を抜けたや三尊天井（トリプルトップ）がだましだったなど、日常生活で使わない用語を覚えて、どの場合に利用できるか理解しないとならない。

ぼくも昔FXをやったときに、テクニカル用語を勉強したが、まったく使いこなせなかった。ファンダメンタルズ分析は会計学の知識が必要で、財務諸表から該当企業の長所、短所を割り出し、ライバル企業との比較をしなければならない。さらに、景気、金利、為替などのマクロ経済指標も頭にたたきこむ。いずれにしろ、よほどの才能がない限り、他に本業がある人が片手間にできる分量ではない。

それに、本当にそういった勉強に効果があるかは疑問がある。

なぜなら、こうした方法を駆使していて、勤務時間をすべて会社の取材や分析に費やしているだろうアクティブファンドのファンドマネージャーが、インデックスファンドになかなか勝てないからだ。

こうしたファンドマネージャーは有名大学を出た優秀な頭脳の持ち主で、難しい最新の数式を駆使したり、会社のトップに直接取材したりなど大半の個人投資家にできないことをしていて、さらにいえば高額の給料をもらっているのに、インデックスファンドに勝てないのだ。だったら、素人のような個人投資家は最初からインデックス投資をやっていた方が効率が良いといえよう。

従って、個別株投資で、多くの人が利用できる必勝法というのは見当たらない。

強いてぼくがお勧めするとすれば、リーマンショックやコロナショックなど相場全体が大暴落しているときに、強みのある製品を持つ会社を狙うことだ。これは割安で優良株を買うということである。

個人的な成功例はソフトバンク（現ソフトバンクグループ）。記憶にある人もいるかと思うが、２００８年に日本で初めて登場したスマートフォンはiPhoneで、取り扱っている携帯電話会社はソフトバンクだけだった。ＮＴＴドコモとａｕは当時、取り扱ってなかったのだ。ぼくは友人が使っているiPhoneを触らせてもらい、これは大ヒットするだろうと驚愕したのを覚えている。

ところが、２００８年はリーマンショックの真っ最中で世界中の株価が大暴落していた。

当時、ソフトバンクの株を持っていれば持ち株会社化により現在のソフトバンクグループの株になるが、16年で株価は30倍近くに上がっているのだ。ぼくはそれ以前からソフトバンクの株を持っていた。リーマンショックの時は安値で手放す人が多かったわけだけど、ずっと保有しているため値上がり益を享受している。

自分の勤務先の業界動向や身の回りで起きている急速なブームに気づいたら、関連会社に投資するのはいいアイデアだ。

コロナショックのときは、外出制限のなかでも健康を維持するためジョギングが流行した。東京オリンピックをはじめスポーツイベントも多数予定されていた。もし、ジョギングシューズのアシックスを2020年3月の安値で購入していれば2024年11月には、株価は17倍になっている。

こういう手法はアメリカの伝説的な投資家、ピーター・リンチ氏がお勧めしている。リンチ氏は13年間で運営しているファンドの資産残高を777倍にした凄腕。彼は旅行先で美味しかった料理チェーン、妻からよく行くスーパーで大人気になっていると教わったパンストの会社などで大儲けした。

リンチ氏の株式投資本『ピーター・リンチの株で勝つ　アマの知恵でプロを出し抜け』（ジョン・ロスチャイルドと共著、三原淳雄、土屋安衛訳・ダイヤモンド社）では「一般投資家のなかには町に行ってドーナツを食べることが株式の基礎的調査の第一歩になる、と気づいていない人が多く見られる」と言い、自分がよく知っている会社に投資することを推奨している。もちろん、リンチ氏はお気に入りのドーナツチェーンへの投資でもしっかり儲けた。

こうした手法が百発百中というわけにいかない。しかし、**5勝5敗、できれば6勝4敗でそのうち1勝でも大儲けできれば十分なのだ。**

よく知っているものに投資して、知らないものに投資をしないのは、世界一の投資家、ウォーレン・バフェット氏も一緒。彼が大儲けした株はコカ・コーラ、マクドナルド、アメリカン・エクスプレス、ジレット（剃刀）など日本人でもよく知っている会社が多い。ＩＴバブルの時はハイテク株は分からないと投資せず、時代遅れになったと陰口をたたかれたが、バブルが崩壊してみれば、バフェット氏のすごさが際立った。

　また、利益を上げるというよりも推しを応援するという意識で投資をすることも、本人が納得すればいいだろう。

　例えば、阪急阪神ホールディングスの株主総会では、プロ野球の阪神タイガースのファンが株主となり、野球についての質問が出る。東映アニメでは人気アニメ・プリキュアの質問が出る。

　推しに関する一番偉い人と話ができる良いチャンスで、そのためならリターンを度外視しても良いという人がいるわけだ。

　反原発の立場から電力会社の株主になって、株主総会で質問を行っている人もいる。

　この手の話でぼくが一番好きなのは、２０１４年のサンリオの株主総会で10歳ぐらいの少女が「株主優待をぬいぐるみにしてほしい」と質問して、会社側がそれを受け入れたというものだ。

少女の意見でも大きな会社がきちんと対応する。会社と対話できるというのは、株主のメリットの一つであり、おカネがかかってもいいという考え方もある。

個別株の投資でリターンを得たいならば、よく知っている会社が割安で商品がヒットしそうなときに投資しよう。リターンを度外視した推し的な楽しみ方もある。

第19の真実　ブームを避ける

逆に専門家やSNSなどがブームになっていると煽るような会社、業界に投資するというのはお勧めしない。理由は三つある。

まず、**世間一般がブームだと思っているときは既に人気のピークを超えている可能性が高い**からだ。つまり投機といえる。

例えばアメリカの電気自動車メーカー、テスラは創業者のイーロン・マスク氏がツイッター（現X）を買収するなど注目を集め、株価は2020年からの1年で10倍になった。そのため日本を含め大勢の投資家が飛びついた。

しかし、その後、電気自動車の売れ行きは期待ほど伸びず、2024年10月には株価はほぼ半減。11月には米大統領選でマスク氏と親しいトランプ氏が勝利したので持ち直したが、ブームに安易に飛びついたら痛い目にあっていただろう。

個別株だけではない。バブルというのはいつ、どこでも起こりうる。

アクティブファンドではテーマ型投信というのがある。AI、バイオ、環境などその時々に人気となっているテーマを集めた投資信託だ。しかし、その多くがピーク時に作られるため、結局大損してしまう。

金融庁の有識者会議の報告書では「投資初心者を含む個人投資家がこうしたタイミングを適切に判断することは、一般的には困難」とテーマ型投信に厳しい見方をしている。

株ではないが、17世紀のオランダではチューリップの球根が大人気となり、高価な球根一つで家1軒が買えた。もちろん、バブルは崩壊して、大勢の人が壊滅的な損をした。

だから、自分で投資のことを考えず、ブームに乗っていると痛い目にあう可能性が高い。

二つ目は、個別銘柄や業界、あるいは一つの国で見た場合、株価が割高すぎると成長しても株価のリターンが得られないということだ。

株式投資の専門家、米ペンシルベニア大学ウォートン校のジェレミー・シーゲル教授によると、20世紀後半のハイテク業界と石油業界を比較した場合、株価のリターンは石油株の方が高かった。

ハイテクはこの間、パソコン、携帯電話、インターネットなど歴史的発明が相次いだのにである。しかし、大発明があったゆえに資金が集まって割高になってしまったのだ。

国レベルでも、中国の経済成長率は過去10年以上、日本をはるかに上回っている。しかし、株価のリターンは日本の方が上だ。これも中国がやがてGDPでアメリカを抜くなどと言われて割高になったため。

三つ目は**専門家の予想があてにならない**ということである。

これは経済に限らず、選挙の議席予測からプロ野球の優勝予想まで、専門家を名乗る人の予測がいかにいい加減か、ちょっと考えればわかるはずだ。

金融の世界ではスパゲティチャートという言葉がある。これは、年ごとにどの資産が一番値上がりしたかを示す表だ。

これを見ると2022年に最も値上がりしたのは原油や食料などのコモディティ、2023年は米国株（S&P500）、2024年前半はゴールド（金）と毎年違う。2022年トップだったコモディティは2023年は10資産中最下位となっている。

しかし、専門家で毎年の予想をずばり当てた人はいない。

ちなみに、本書の「はじめに」の後ろにぼくが保有している銘柄を掲載して、一言コメントをつけている。

このなかには大儲けしたものも大損したものもある。ぼく自身が株を購入するのに自分で好きなストーリーを作っているだけで、当たるかどうかよりも楽しみで買っている。決して鵜呑みにしないでほしい。

第20の真実
インデックス投資で勝つ方法

投資ではインデックス投資が、ベターだと繰り返し述べている。

他の投資と違い、インデックス投資は全員、同じリターンを得られる再現性も強みだ。しかし、そのインデックス投資で他人に差をつけて儲けられる方法がある。

それはなんだろう。

答えは入金力だ。

例えばインデックス投資のリターンが10%として、資金が1万円だったら1000円、1億円だったら1000万円の収入になる。当たり前だが、入金力が大きい方が成果が大きい。それに複利の力を考えると、若いうちから入金力が高い人が圧倒的に有利といえよう。

では、どうすれば入金力は高められるのか。

一つは倹約して浮いた分を投資に回すということである。

戦前を代表する投資家で本多静六という人がいた。本業は東京帝国大学教授。ドイツで森林学を学び、「公園の父」と呼ばれ日比谷公園や明治神宮の森を造るなど数々の業績を残した。もう一つ、独自の「本多式」と呼ばれる貯蓄術を提唱し、現在のおカネにすると数百億円儲けたという。実家は貧しく、まさにサラリーマンをしながら、腕一つで巨額の資産を作った。

そのポイントはこうだ。

「月給の4分の1と臨時収入すべてを天引きして貯蓄か投資に回す」というもの。天引きというのは文字通り収入があったら自動的に金融機関の口座に移してしまうこと。よく、投資は余裕資金でというが、収入から支出を引いた残りはたいしたことがない。どうしても不必要な支出をしてしまうからだ。しかし、最初から天引きをすれば少ない収入で暮らせ、生活レベルも抑制できる。まさに一石二鳥といえよう。

本多の『私の財産告白』（実業之日本社文庫）などの著書は今でも簡単に手に入る。70年以上前の本とは思えないほど読みやすい文章で、貯蓄法だけでなく「仕事は趣味のようにするべし」など、社会人にとって参考になることが多い好著だ。

収入の4分の1を天引きするというのは、かなり大変なように思うかもしれない。特に若くて給料が安いうちは、食費、住居費、服飾費、交際費、光熱費などであっという間に消えてしまい、奨学金の返済が大変という人もいるだろう。

そういう場合は住居をシェアハウスなどで安くあげる、生命保険は子供が産まれるまで入らない、格安スマホを使うなど、節約本やサイトを参考にすれば何とかなるもの。

ただ前述のようにあまりに極度な倹約は幸福感を損ねてしまう。とはいえ自分ができる範囲で節約し、なおかつ、必要かどうかわからない支出はしないなど、無駄を徹底的に削減しよう。どこまで節約すれば良いかは正解はないものの、ここで入金力を作れるかどうかが、億り人になれるかどうかの大きなポイントといえる。

倹約以外にも収入を増やす裏技はある。一つは副収入を作ること。副業で毎月まとまったおカネが入ってくればいいが、日本で副業が広まっていない現状は前述の通り。しかし、それ以外にもポイ活や懸賞だったら会社が副業を禁止していたとしても手軽にできるだろう。ポイ活についても攻略法サイトはたくさんある。

それに各ネット証券がクレジットカード積立のポイント競争を起こしているので利用しない手はない。また、ポイ活サイトでは証券会社の口座を開くだけでおカネをもらえるというところもあり、小さいところからコツコツためていく。懸賞も意外と当たるもの。ぼくは一度、大手通信会社のクイズに応募して5万円ゲットしたことがある。

最近ではポイントサイトへの規制も出ているが、ふるさと納税も活用したい。返礼品でコメ、酒などの飲食物をゲットできれば、節税しつつ食費も浮かせる。ふるさと納税に関しても事業者や愛好家のサイトなどをまめにチェックすれば結構お得だ。

日本の場合、ふるさと納税が典型なように、自ら動かなければおカネを得られない。家計簿アプリの「Ｚａｉｍ」では、利用者の住んでいる地域や世帯構成、家計簿の記録から「もらえるかもしれない給付金、手当、控除」を割り出してくれる。住んでいる自治体によって、意外な給付金があるのでしっかり押さえておきたい。

そして裏ワザとしてぼくが一番成功したと思っているのは結婚だ。

よく、結婚はコスパが悪いとか、経済的に不安だからしないという声を聞くが、共働きだと収入は2人分なのに支出はそこまでは増えない。家賃や光熱費は結婚しても単純に2倍にならないからだ。相手が自分と同じように資産形成に関心があり、贅沢をしないのならばなおいい。

ぼくの場合は妻と結婚できたおかげで、資産がうんと増えたと感謝している。

投資にまったく関心はないが、生活は質素で共働き。我が家は小遣い制ではなくて、夫婦二人が必要な生活費を分担するという形をとっている。具体的には住宅関係、通信・光熱費はぼくが支払い、そのほか毎月15万円を生活費用に渡している。結婚した当時は毎月渡す額はもっと少なかったが、互いにフルタイムの共働きのため、家計は十分に回る。その結果、ぼくは一番多い時期には収入の4割近くを投資に回すことができた。

子供ができたら出費が増えるので、結婚前から同棲しているならそのころから、結婚後も子供が産まれるまではボーナスタイムとしてため込む。また、子供が産まれると舞い上がって余計な教育費や子供服におカネを使ってしまいがちだが、本当に必要かどうか確かめよう。もちろん、結婚や恋愛、出産は個人の自由だ。

あと、これは一部の人に限られるが、特に中年以降は介護や相続についてもある程度知識をもっておく必要がある。

介護は一人で抱え込まないで、自治体やケアマネージャーなど周囲に助けを求めること。相続はよほどの資産家でないかぎり、相続税は思ったほどかからない。金融機関や不動産業者のセールスに親が乗っていないか注意したい。なかなか親子でおカネの話をする機会はないと思うが、認知症になってしまってどこに口座があるかわからないなんてことになったら大変だ。まだ親が元気なうちに、お盆や正月に帰省したときにでも相続について話し合ってみたらどうだろうか。

第21の真実
今日が人生で一番若い日

注意点はまだある。一つは、すべての資金で投資するのではなくて、病気や事故、失業など困ったときのためにすぐに引き出せるおカネ「生活防衛資金」を持っていようということだ。

投資信託にしろ株式にしろ、売却して自分の口座に入った代金を引き出せるまで日本株は3営業日（土日祝日を除いた日数）、投信なら2～5日程度かかる。いざというときに必要なおカネは銀行の普通預金などに入れておきたい。

人によって生活防衛資金の額は異なる。専門家では半年～2年という意見もあるものの、特に若いうちはそこまでなくても何とかなると思う。だって、本当に必要な当座のおカネが半年分であるケースは、なかなか考えにくいからだ。

二つ目の注意は、自分のリスク許容度を知るということ。インデックスファンドは分散投資しており、個別株式に比べて大損する可能性が少ないとはいえ、コロナショックのときはわずか1カ月で3割下がった。100万円投資したら70万円の時価しかなくなったということだ。

長期投資の考えが体に染みついていれば、長期だったら上がるはずと心配しないだろう。しかし、そうはいっても資産が減るのは嫌なもの。気分が落ち込んだままだと、仕事の関係者や家族にもあたってしまうかもしれない。

アンソニー・ロビンズ著『世界のエリート投資家は何を考えているのか』（鈴木雅子訳、山崎元解説・三笠書房）によると、リーマンショックの時、ドイツのトップクラスの大富豪といわれた人が株で30億ドルの損を出したのを苦にして自殺してしまった。でも、この人の資産は120億ドルあった。30億ドル損しても残りは90億ドル。普通の人には一生お目にかかれない資産があったのだ。この人のように客観的に見れば大金持ちなのに、資産が下落し、損をすることが耐えられない人もいる。

そのため、**自分はどのくらいまで損に耐えられるかをあらかじめシミュレーション**

するべき。実際に体験すると、予想よりつらくないことも、予想よりもショックを受ける場合もあるだろう。それでも、事前に想定しておくだけでショックが和らぐ効果は大いに期待できる。

そして精神的に損を嫌がると思えば、投信、株などのリスク資産を減らして、預貯金や個人向け国債といった減らない無リスク資産の配分を増やせばいい。ぼくの後輩で1円も減らしたくないから投資はしないという人もいた。

これは極端だけど、あまりにもリスク資産比率が低いと、将来のリターンも低くなってしまう。それに、株価が大きく下がるショックというのは実際に体験してしまうと、あとから見て笑い話になることが多いと思う。少なくともぼくはそうだった。

*

なお投資の効率を上げるやり方に、リバランスというのがある。例えば自分のリスク許容度から株式と個人向け国債の比率を7対3にしたとする。そして、翌年、株価が上昇して比率が8対2と当初の予定から変わってきてしまった。その場合、株式を売却して国債を購入することで元の7対3の比率に戻すことを指す。

あまり頻繁にやっても効果が薄い一方、大きく市況が変化した場合は行った方がいい。ぼく自身は生活防衛資金と無リスク資産合わせて4分の1ほど、株や投信には4分の3ほどを投資している。そして、年に1回、自分の誕生日に合わせて、当初予定から大幅に違っていたらリバランスするようにしている。これは人それぞれなので、自分自身の心に聞いてほしい。

投信のなかにはターゲットイヤーファンドといって、投資家の年齢が上がるに従って債券の比率を増やして変動しにくくなるタイプのものもある。自分で低コストのインデックスファンドをリバランスするよりもコストがかかるためぼくは利用していないが、面倒くさければ利用してもいい。ロボットアドバイザーやラップ口座もリバランスは自動で行ってくれる。

さらに株式投資の場合、全世界株式ファンドが楽だけど、日本の比率を上げたいとか、インドや中国がこれから成長するから新興国の比率を上げたいなど個人の考えを反映させたい人もいるだろう。ぼくもどちらかというとこのタイプ。そうした場合、欧米などの先進国株、日本株、アジアやアフリカなどの新興国株の目標比率を自分で決めて、リバランスも含めて管理すればいい。その際は前にも紹介したサイト「myINDEX」が便利だ。20年前に100万円預けたらいくらになるという金額を資産ごとに出しているので、それを見ているだけで大体想像がつく。

株式と債券の割合、または先進国株と日本株の割合など各資産の割合を決めることが、実は資産運用では非常に重要なこととされる。個別の銘柄を選ぶよりも、資産の配分をどうするかの方が、長期的には重要になるという専門家の研究もある。

＊

さて、ここで複利の力で若いうちに投資を始めた方が有利なことを改めて紹介したい。

以前紹介したあんずさんは、22歳の学生のころから将来のことを考えて収入の4分の1を投資に回した。さらに、結婚相手の利夫さんもやはり堅実な投資家で結婚後は3割を投資に回せるようになった。あんずさんは22歳の誕生日から投資を始め20代の時に年60万円、30代は年96万円、40代は年144万円を投資した。しかし、50代は教育費や介護に手がかかってしまい、新たな投資はできなかった。

彼女は年9%のリターン（円建ての全世界株式の過去30年の平均リターン）を上げることができた。すると投資元本が2880万円なのに60歳のときは資産が1億円を超えた。

一方、真司さんは若いころには投資に興味がなく、50代から投資を始めた。あんずさんよりも大会社で給料も高かったので、50代で年300万円を投資に回した。投資元本は3000万円とあんずさんより多い。しかし、60歳のときの資金は7000万円とあんずさんより3割近くも少ない。長期投資の重要性が理解できただろうか。

でも、今は中高年の人でも心配することはない。人生100年時代と考えたならば、50歳でもまだ折り返し地点だ。

ちなみに人生100年時代というのはロンドン・ビジネス・スクールのリンダ・グラットンとアンドリュー・スコット両教授が2016年に発売した世界的ベストセラー『LIFE　SHIFT（ライフ・シフト）』（池村千秋訳・東洋経済新報社）で提唱したもの。科学技術の発展により、先進国では2007年生まれの人の2人に1人は100歳まで生きると推計している。この本をもとに日本政府も「人生100年時代」と大々的にキャンペーンを張った。

専門家の中には寿命はもっと伸びると主張する人もいる。ハーバード大学医学大学院老化生物学研究センターのデビッド・A・シンクレア教授が2020年に出版した『LIFE SPAN（ライフスパン）老いなき世界』（マシュー・D・ラプラントと共著、梶山あゆみ訳・東洋経済新報社）では、ぼくのような現在の50代でも平均120歳まで生きられると予測している。

さらに日経新聞によると、米グーグルの元開発責任者で未来学者のレイ・カーツワイル博士は2024年3月の講演で、AIの発展で長寿医学が加速度的に進歩し、現代人が500歳まで生きることも可能になると述べた。人生500年時代ですら間近に迫っているというのだ。老後資金ははたしていくら必要になるのか、考えたくもないほどである。

本当にそこまで長生きできるかはわからない。しかし、そういう可能性があるのならば、長期投資の重要性はこれまでよりもはるかに大きくなる。そして、人生にとって**今日が一番若い日なのだから、とにかく早いうちから投資を始めるに越したことはない。**

第22の真実
日本株はポジティブ

さて、ここで日本経済の未来を考えてみたい。

もちろん、人間は未来のことはわからないので、あくまでも個人的な意見。それを信じるかどうかは皆さん次第。頭の体操として考えてほしい。

＊

少子高齢化で日本はオワコンという論調が、マスコミの主流だ。

人手不足でインフラが崩壊とか、日本は莫大な赤字を抱えて財政が破綻し、ハイパーインフレになるとか毎日のように暗い話題が続く。若い世代でも年金はもらえないなどと思っている人がいるだろう。


そもそもマスコミは悲観論をたくさん流すものなのだ。

これは「将来は明るく心配ない」というより「暗く心配だ」と書いた方が、頭が良さそうに見え、読者が喜ぶため。また、ニュースよりも実際の方が悪い場合、読者・視聴者から文句が来ることが想定されるが、実際の方が良かったらみんな喜んでわざわざクレームをつけたりしない。これはぼくがメディア業界にいたから実感していることだ。

実際、マスコミの警告、悲観論はぼくの子供のころからずっと続いている。

しかし、世界はこの間、どんどん良くなっているということをデータで明らかにした本が『FACTFULNESS（ファクトフルネス）10の思い込みを乗り越え、データを基に世界を正しく見る習慣』（ハンス・ロスリング、オーラ・ロスリング、アンナ・ロスリング・ロンランド著、上杉周作、関美和訳・日経ＢＰ）だ。数年前にベストセラーになったから読んだ人も多いだろう。この本では日本経済のことを取り上げていないが、ぼくは日本経済も良くなると考えている。

シンクタンクの予想でも同様だ。

ニッセイ基礎研究所は２０３３年度までの実質ＧＤＰ成長率は年平均１・１％を予測。三菱ＵＦＪリサーチ＆コンサルティングは２０２６～30年度の実質ＧＤＰ成長率は年0・9％、2031〜35年度は0・8％と緩やかながら成長を見込んでいる。労働生産性向上や働き方改革の定着によって供給能力の拡大は維持され、技術革新と各種ビジネスの誕生が生産性の向上に寄与するというものだ。

ぼく自身は、少子高齢化が逆にチャンスだと思っている。

日本では岸田文雄前政権が異次元の少子化対策を提唱したのにまったく効果がないので批判されたが、海外も多くの国が少子化に悩まされている。

調査年が異なるため、ざっくりとした傾向だが、日本の合計特殊出生率は1・2で、中国は1・09、韓国は0・72だ。中国は2023年に人口世界一の座をインドに譲った。出生数は1990年代後半までは毎年2000万人あったのが、2022年には900万人台と半減している。人口世界一になったインドは2・0と日本よりはるかに高いが、人口が減らない水準は2・07なので、2・0では人口は今後減ってしまう。少子化は始まっているのだ。

また、女性の社会進出が進み社会保障が充実しているヨーロッパも人口減に悩まされている。「幸せの国」と呼ばれるフィンランドは1・26と日本と大して変わらない。イタリアも1・25、スペインは1・19と日本より低い。イギリスやドイツは1・5程度で日本より高いとはいえ、少子化間違いなしの数字。

主要国ではフランスが1・68、アメリカが1・62と高いが、これは移民の影響とも指摘されており、日本のように移民に消極的な国では特効薬になりそうもない。だから、一内閣の責任というよりも、世界的な先進国、東アジアの潮流なのだ。

そうするといち早く少子高齢化に突入した日本が、それに応じた製品やサービスをどこよりも先に打ち出すことは、莫大な先行者利益につながる可能性がある。

例えばユニ・チャームは介護用のおむつにいち早く注力した。また、パナソニック、トヨタ自動車など大手企業が介護やバリアフリーに役立つ研究、商品展開を始めている一方、ベンチャー企業も続々と誕生している。少子高齢化だからこそ、日本の強みが生かせる。

一方、株式市場では国や東京証券取引所の改革の成果が出てきた。

日本企業の問題点として、利益がなかなか上がらず、資本の効率が悪いことが指摘されていた。

しかし、東証は上場企業にガバナンス改革を要請。改善が遅れている企業を名指しし、著しい場合は上場廃止もありうるとするなど徹底してきた。20年前、堀江貴文氏がニッポン放送株を買い占めようとしたときには、政府や司法はこうした投資を問題視していた。それと雰囲気が一変している。

少し細かくなるが、株価の指標にＰＢＲ（株価純資産倍率）というものがある。企業の保有する資産から株価の高低を測るもの。ＰＢＲ１倍というのは株価と資産価値が同じとされ、ＰＢＲ１倍未満だと会社を解散して資産を全部売却した方が理論上、得になってしまう。その企業に今後稼ぐ力が見込めないと市場が判断しているからといえる。

従って、解消するには利益を上げるか、配当の増加や会社が自社の株を買って発行株数を減らすなどの株主還元を強化するしかない。そうすれば投資家は得をすると思って株を買うので、株価が上昇してＰＢＲ１倍割れを避けられる。

東証は２０２３年3月に上場企業に対して、「資本コストや株価を意識した経営の実現に向けた対応」を要請。ＰＢＲ１倍割れを改善するための対策を求めた。当時、東証のプライム市場（旧東証一部、大手企業が中心の市場）の5割、スタンダード市場（中堅企業が中心の市場）の64％がＰＢＲ１倍割れだった。そのなかにはトヨタ自動車などの自動車大手、三菱ＵＦＪフィナンシャル・グループなどのメガバンク、日本製鉄などの日本を代表する企業が含まれていた。

これらの企業がＰＢＲを向上させれば、株価も当然上がることになる。そのために各社はシビアに利益を求めるようになった。前述した黒字でのリストラが増加しているのは、その象徴といえるかもしれない。

また、世界最高の投資家のウォーレン・バフェット氏が、２０２０年に日本の大手商社株を一斉に購入。２０２３年には来日して、各社の社長らと会談した。バフェット氏は日本の総合商社のビジネスモデルを高く評価するとともに、割安な状態だったとして各社の1割弱の株を買い、長期保有の意向を示している。

かつてアベノミクスのスタート当初に、日本経済が変わると思って海外投資家から大量の買いが入ったが、日本企業の変革は進まず、コロナ禍もあって売りに転じていた。それが国や東証の改革と、それに呼応する企業の改革によっていよいよ本格的に日本企業が成長するとの見立てで、２０２３、24年は再び買い越しに転じている。

日本の金融機関には海外の金融機関からの問い合わせも相次いでおり、まだ慎重な海外投資家も日本株投資を再開すれば、さらなる上昇が望まれる。

ちなみに**上場企業の利益は２０２３年度まで3年連続過去最高を記録しており、24**

年度も記録更新が見込まれる。日本企業の実力に見合った株価になっているとぼくは判断している。

また、日本企業は成長がない、新陳代謝がないといわれるが必ずしもそうではない。バブルの頂点の1989年12月29日、日本の時価総額の上位は①NTT②日本興業銀行③住友銀行④富士銀行⑤第一勧業銀行⑥三菱銀行⑦東京電力⑧三和銀行⑨トヨタ自動車⑩野村証券の順だった。銀行はすべて合併再編された。東京電力は2011年の福島第一原発事故を受け見る影もない。

2024年11月29日時点の時価総額上位は①トヨタ自動車②三菱UFJフィナンシャル・グループ③ソニーグループ④日立製作所⑤リクルートホールディングス⑥ファーストリテイリング⑦キーエンス⑧三井住友フィナンシャルグループ⑨NTT⑩ソフトバンクグループの順。1989年のベスト10のうち残っているのは、トヨタ自動車とNTTの2社だけ。銀行は複数行合併してようやくベスト10入りしている。

ファーストリテイリング、リクルート、ソフトバンクグループは当時、上場しておらず、リクルートに至っては未公開株をめぐって政財官界を巻き込んだ「リクルート事件」を起こして評判が最悪だったころだ。

日本にはアメリカのＧＡＦＡＭが展開するような新興産業が生まれないという批判もある。これもスマートフォンの部品や半導体製造装置などは日本がトップシェアを誇っており、一般消費者の目に見えないところで利益をあげている。こうしたニッチな分野でトップの企業が多いのも日本の強みで、今後も日本経済を支えてくれるだろう。

さらに、個人投資家の意識も変わってきた。

中高年は損をした経験が重しとなっており、株価がある程度上昇したらそれ以上は上昇しないと思い込んだり、自分の購入時の株価にようやく戻ったと判断したりで、売り越すケースが多かった。

ところが、**30代以下はアベノミクス以降の成功体験があるため、株式投資に対してポジティブになっている**。加えて新ＮＩＳＡで長期投資を打ち出していることもあり、かつてのようにすぐに売って株価の足を引っ張るということが減ってきた。

そのうえ、インフレが日本に定着するとの見方が強い。

インフレになったら預貯金は弱くて、株式などリスク資産が強いのはこれまで説明してきた通り。国内外の投資家はインフレ前提で、日本企業、政府が投資を後押ししていることで、先行きに強気な見方をする人が増えてきた。

何度か登場しているレオス・キャピタルワークスの藤野英人社長は約10年後に日経平均は10万円になると想定し、それに応じた戦略を自社で練っている。また、テレビなどの投資解説でおなじみのトルコ出身のエコノミスト、エミン・ユルマズ氏は２０５０年までに日経平均30万円説を唱えている。

ぼくは、日経平均がいくらになるかは予測できない。でも、**中長期で日本株にポジティブという見方は賛成だ。**

国際分散インデックス投資では、その一部が日本株に投資されているから恩恵を得られる。また、もっと日本株が上昇すると思うならば、資産のメインは国際分散のインデックスファンドにしつつ、一部を日本株ファンドや個別株に振り分ければいい。中長期の日本株はきっと大丈夫。

ちなみに、株価の代表的な指標にＰＥＲ（株価収益率）というのがある。簡単に言うと、その会社の利益に対して株価が割高か割安かを判断する指標。投資した資金が利益の何年分にあたるかというもの。ＰＥＲが高いほど、株価への期待が大きく割高といえる。

業種によって違うが、日経平均株価の場合、ＰＥＲは14〜16倍程度、米国ではもう少し企業への期待が高く15〜20倍が妥当だといわれる。これが１９８９年のバブルのときは60倍を超えていた。15倍前後が妥当なところで60倍なのでまさにバブルとしかいいようのない水準だ。

２０２４年11月29日のＰＥＲは15・５倍と、割高でもない。さらに、日本市場に海外資金がどんどん流入し、日本企業も海外企業並みに成長していくならＰＥＲは20倍程度になってもおかしくない。２０２４年の株価がバブルだと批判する人もいるが、ぼくは決してバブルではなく、日本企業の成長に伴う妥当なものと思っている。

２０２４年前半は半導体関連などハイテク株が人気となった。ハイテク株は景気やアメリカの株価の影響を受けやすいため、上下に動きやすい。だから、投資にはそれなりのリスクがある。

それでも、業界の成長性は今後も有望だろう。

ＡＩの専門家から、「これからは多くの職種がＡＩに奪われるから、ＡＩ関係の職業に就いたら良い」と言われたことがある。

ぼくは文系で50代半ばだからいまさらＡＩ企業に就職はできない。しかし、ＡＩ企業の株を買って、ＡＩ企業の利益を享受することは可能だ。

第23の真実　航路を守れ

さて、普通の人が資産を作るには、世界全体の長期的な経済発展を信じて株式への長期、国際分散投資が一番推奨できると繰り返して書いてきた。逆に投資でやってはいけないことを考えてみよう。

それは、方針をゆがめてしまうことだ。

個人投資家に向けてインデックス投資を開放した米資産運用大手バンガードの創業者、ジャック・ボーグル氏は「航路を守れ」という戒めを残している。

ありがちなパターンは余計な情報を入手して、怖くなってしまうこと。株価が暴落して、メディアが大騒ぎするとどうしても怖くなってしまう。

前述のようにメディアを盲信するのは、投資にとってはマイナスといえる。とにかく長期の国際分散投資をすると決めたなら、投資から逃げ出さないこと。

ちなみに、コロナショックのときは、金融機関だけでなく、ベテランの個人投資家がSNSで投資をやめないように呼びかけて投資家同士が励まし合う動きも見られた。デイトレード、不動産取引など他の投資の多くは、投資家同士がライバル、誰かが得をすれば誰かが損をしたり、他人が知らないお得な情報を自分だけがゲットすることで儲かったりする。

しかし、**長期投資、特にインデックス投資は市場自体の成長にベットするわけだから、ライバルというより仲間だ。**信頼できる仲間を見つけておけば、自分が不安になったときに方針を堅持することができる。

もっともメディアやSNSでは、不安や逆に儲けたいという心をあおる情報も多い。特にSNSでは詐欺や詐欺まがいの情報が流れている。例えば2024年前半に問題になったのが、フェイスブックなどのSNSで有名人の名前を騙って投資で儲かる方法を教えるという勧誘だ。騙された個人投資家がLINEなど経由で詐欺師の言うことを信じ込み、多額のおカネを取られてしまうというもの。

これも、国際分散のインデックス投資が王道と信じていれば、著名人の名前とはいえ、会ったことのない人のニセ情報に引っかかることはない。この原稿を書いているときもXで、投資で大きな利益を上げたと名乗る人から、おカネをあげますというポストが流れてきている。

うっかり信じて自分の口座情報を教えると、手数料名目でおカネを逆に取られるケースも。さらにひどい場合はそこに大金が振り込まれたあとに「間違ったので現金で返金してほしい。手数料は払う」といった連絡があり、それが振り込め詐欺でだまし取ったものだったため、共犯とされて逮捕されたという話もある。SNSで話題になり、弁護士ドットコムニュースの2022年10月1日の記事で取り上げられた。

詐欺や悪質商法にひっかからないことは、投資をするうえで重要なことの一つ。もっと多くの人に、対策の情報を知ってほしい。

まず、明らかに詐欺といえるのは、銀行や信用金庫の預貯金など以外で、特に聞いたことのない会社が元本保証をうたうこと。これは出資法という法律で、元本保証をしていい金融機関の種類が決まっているので、それに当たるか見てほしい。

また幅広い投資家へ出資を呼びかけるには、国の機関である財務局に登録しなければならない。各財務局のホームページには登録業者の一覧が掲載されているため、無登録業者だったら、投資をしてはいけない。さらに財務局、金融庁の職員が個人に電話連絡や訪問をすることはまずない。連絡があった場合は、該当官庁に本物かどうか確かめよう。

業者が宣伝しているリターンから見破る方法もある。

世界一の投資家、ウォーレン・バフェット氏の平均年間リターンは20%といわれる。単純に12で割ったら1カ月当たり1・6%ほど。年利20%なら信じがたいが、月利1・6%だと信じてしまいかねない。

でも、これは世界一の投資家の水準なので、長期にわたって月利1・6%をうたうのは詐欺だと思えばいい。株式の期待リターンは一般に年5~6%といわれる。実際に全世界株式に投資した場合の9%よりもさらに低い。したがって、年6%以上、月0・5%以上を掲げるものは要注意。

詐欺でなくても、儲かるという情報商材を高額に売りつけられる場合もある。

実際、ぼくも昔FXで大損したときに焦って、有名ブロガーが提供するという情報商材を5万円で買ったのだが、初歩的なことしか書かれておらずまったく無意味だった。

個別株式でもインフルエンサーが推奨した株に大勢がわっと飛びつき、株価は高騰。

その間にインフルエンサーは売り抜けて、高値掴みした個人が損をするというケースも見られる。これも、短期での儲けは難しく、王道のインデックス投資で着実に儲ければいいと腹落ちしていれば引っかかることはない。

逆に２０２３年、24年のような株高だと有頂天になってしまう場合もある。

初心者や中級者でも、長期投資の航路がしっかりしていないと必要以上にリスクをとってしまいたくなるだろう。投資を始める前にはすぐに大金持ちになれると勘違いしがちだし、ビギナーズラックが自分の実力と誤解することもある。

長期投資は大きく儲かるときもあれば、暴落するときもある。調子に乗らないよう自分自身を戒めないとならない。

２０２４年８月６日朝、日々の日課である「マネーフォワード」（資産価値がいくらか分かるアプリ）による最新の資産状況をチェックしたところ、**ぼくの資産は前日より871万8212円も下がっていた**。今の会社からもらう年収の３年弱相当。１日の下げ幅としては過去最大だ。資産も一時２億円を割った。

投資を始めたばかりのころだったら、卒倒したかもしれない。しかし、長期投資について自分で腹落ちして、上がるのも下がるのも当然という今では別にどうってこともない。

よく、資産が大きくなるほど上昇するスピードは速くなるといわれるが、下落相場ではその逆も真なりだ。でも、年初来でいえばまだ15％以上資産が増えていた。物事は平均に回帰する傾向にあるから、ここまで上がりすぎた反動と考えればこういう調整は当然だ。**資産もすぐに2億円に戻った。**

調子が良いときも悪いときも「航路を守れ」。これが鉄則だ。

4章

資産形成の心構え

第24の真実
「三欠く」を意識

ここからは投資だけでなく人生を俯瞰して、資産形成の助けになることを考えていきたい。

思い出してほしいことは、入金力を高めるためには倹約が必要。一方で、若いうちの体験を損ねてまで極端に倹約することには反対ということだ。

ではどうすればいいのか。

ぼく自身は30代半ばまで、同僚や仕事関係者などと連日のように飲みに行っていた。後輩に良いところを見せようと、おごることもしばしば。

でも、そうした飲み会で定番ともいえる他人の悪口や自慢を聞いていると、いくら高い店であってもちっともおいしくない。さらに、ぼくは酒に弱いからすぐに眠くなったり、吐いてしまったりする。それなのに帰宅は深夜から時には日をまたぐので、まさに時間の無駄だったし、健康にも良くなかった。

そんなときに知ったのが「三欠く」という言葉。「義理」「恥」「見え」の三つを減らすことがおカネのたまる秘訣だという古くからのことわざだ。もともとはケチをバカにする意味があったのだけれど、令和のおカネが足りない大人にとっては重要だ。

といって、徹底的に義理を欠くのではない。それだとおカネよりも大事ともいえる人間性、評判にマイナスになってしまう。ぼくの場合、無駄な義理や恥、見えを欠くようにしようと思った。

会社の中でも仕事や出世を離れて仲の良い友人とは飲みに行った。それ以外の義理で声を掛けられたような宴会は極力断った。

「恥欠く」では、**ぼくはボロボロの恰好をしている**とよく突っ込まれる。腕時計はドン・キホーテで10年前に買った数千円のものだし、ブランドで買うといってもせいぜいユニクロ。30年以上前の学生時代の旅行土産のトレーナーを、いまだにパジャマとして使っている。

「見え欠く」にも通じるが、ほかのものにも大しておカネをかけていない。自動車は母の介護があったから車いすが乗せやすいという条件があったけれど、日産のルークスという軽自動車だ。

その前にはアウディに乗っていたけれど、これは15万円で買った中古。仮に新品のポルシェやベンツに乗っていたら、平凡なぼくは今ごろおカネに苦労していただろう。それにさえないおっさんがポルシェに乗っていたとしても、全然似合わない。東京の狭い道路では猛スピードで走ることはできないし、小さい軽自動車の方が便利だとぼくは思う。

ＳＮＳや本では、家計に対するアドバイスがたくさんある。

王道的なものは、まず、家計簿をきちんとつけて支出の見える化を徹底して無駄な部分をチェックする。食費や交際費など目先のものを削りがちだけれど、保険やスマホなどの通信費といった固定費こそ優先的に削ればいいとかがオーソドックスなところ。

これらは理論的には正しいと思うし、これに沿った形で節約に成功した人も大勢いるだろう。チェックしようと思えば簡単にできる。

でも、ぼく自身はほとんど守っていないし、とらわれすぎることはないだろう。

ぼくはまず、オンラインの家計簿ソフト「うきうき家計簿」に連日、手入力で収入、支出を記録しているが、根がずぼらなので結構いい加減。ブログネタのために「マネーフォワード」も連日更新しているが、うきうき家計簿と帳尻が時には数万円単位で合わないことがある。家計簿に記録するだけで満足して、ちゃんとした分析も行っていない。それでも、一定の目途にはなる。

次に保険だが、新入社員のころ、学生時代の同級生に頼まれて大手生命保険の定期保険に入ったほか、会社に営業に来た外交員の押しに負けて養老保険に入った。さらに、がんの先端医療が必要かと思い医療保険に入るなど、一時期、生命保険だけで月5万円ほどの支払いになっていた。もちろん、娘が産まれてすぐに３００万円の学資保険に入っている。

これはさすがにまずいということで、定期保険は解約して当時の勤務先の団体保険に入り直し、さらに退職とともにやめた。養老保険も満期となった。一方、今でも医療保険と学資保険は継続している。医療保険は払い込み終了まで5年とせまっているので、サンクコスト（これまで費やして回収できない費用）が気になって心理的に解約できない。

一部の節約本では、一定以上の医療費がかからなくなる高額療養費制度があるから医療保険は不要だというのだけれど、実際に母が入退院したときの経験からすると、高額療養費制度の対象外である個室というのは、ぼくのような非社交的な人間にとっては入院時に精神的に楽になる。医療保険の総払込額も100万円程度なので、損する可能性が高いけれど、安心料だと割り切っている。さらに、相続税対策として終身保険も入っているので、結局、今でも月4万円ほど保険料は支払っている。

それでもこれらは戦術的な話にすぎず、心構えとして「三欠く」を意識する方がはるかに重要だと思う。そうすれば自然と家計からぜい肉がそぎ落とされるわけだ。無理しない倹約で、おカネを増やすのが一番だ。

第25の真実
「老後2000万円問題」の虚実

そもそも投資をするにあたって一番重要なことは、いったい何のために投資をして目標金額はいくらだということを自分で決めなければならないことだ。

漠然と億り人になりたいでもいいが、それでは想定以上に資産が増えすぎる可能性がある。金持ちになるのは良いけれど、あまりにも倹約しすぎたらもったいないというのは、強調している通りだ。

多くの人にとって投資をする理由は、経済的な自由を得るか、得られなくても家計を助け、将来的には老後の生活を支えるためだろう。

ここで、老後資金についてちょっと考えてみよう。

2019年、老後2000万円問題というのが話題になったのは覚えている人も多いだろう。金融庁の審議会が老後の30年間で、年金をもらったとしても平均2000万円足りないという報告を出して、世間から「そんなおカネがあるわけない！」「安心して暮らせない政治が悪い！」などと大きな非難を浴びたのだ。ところが、実は**老後2000万円問題というのはいい加減なもの**。

それは2000万円の根拠が当時の統計を基に、平均的な高齢者世帯の収入から支出を引いたマイナス分に、30年を掛けただけの数字だったからだ。この統計は毎年変わる。だって、コロナ禍のときはみんな倹約したし、最近はインフレでやはり財布のひもが固くなっている。日本証券新聞によると、2023年のデータを基に計算すればインフレを考慮しても1200万円で済むという。

つまり、毎年数字が揺れ動くデータなのだ。

しかも一人一人で必要とするおカネが変わってくる。2011年に大手製紙会社・

大王製紙の当時の会長が会社のおカネをカジノで使い込んで逮捕される事件が起きた。当時の報道によると100億円以上を失っていたという。この人にとっては100億円なんていうのは遊ぶ金にすぎないわけで、リタイアして遊びたい放題の老後になったら何十億円あっても足りないといえるだろう。

またサラリーマン、特に大手企業の場合は企業年金がある。夫婦共働きならば家庭の年金額は各段に増える。

それではいくら必要になるのか。

ちょっと面倒だけど、まず自分の家計を把握しないといけない。

専門家は多くの人が老後に使う費用は現役時代の3分の2程度という。つまり、毎月どのくらい支出があるのか今の生活を参考にして、それに3分の2を掛けると老後の生活費のイメージがわく。

一方、老後の生活費の柱は公的年金だ。これは年金保険料をちゃんと払っていれば生涯もらえるという優れもの。日本年金機構は、それまでに払った年金保険料や年収を基に、各自がいくら年金をもらえそうなのか「年金ネット」で試算できるようにしている。

そのうえ、大企業ならば企業年金や退職金がたくさんもらえる。そうでなくても最近はｉＤｅＣｏの制度が浸透してきた。岸田前内閣は「新しい資本主義」でｉＤｅＣｏの拡充を掲げた。今後、さらに充実していきそうだ。公的年金に加えてｉＤｅＣｏを若いころからしていれば、贅沢な生活をしない限り、老後資金は心配しなくていいと思う。

第26の真実
年金は破綻しない

さて、年金の専門家の間では老後の生活対策として「ＷＰＰ」という言葉がいわれている。これは（1）できるだけ長く働く（Work longer）、（2）自分で老後資金を準備する私的年金（Private pension）、（3）公的年金（Public pension）の三本柱で対応しようというもの。

要はおカネがなければ年をとっても働け、さもなければ老後資金を自分で準備しよう。最後は公的年金が支えになるということだ。

年金は保険料を払ってきた国民全員が高齢者になったら受けられる国民年金、会社員・公務員などが加入する厚生年金がある。このうち、国民年金は満額の場合、年80万円弱支給される。厚生年金は現役時代の収入によってもらえる額が違うが、月額平均15万円程度。この金額が減らされるとか、破綻するといった意見があるが惑わされてはいけない。

非常に勘違いされているのだが、**公的年金制度が破綻することは、日本政府が破綻するのと同じ意味**。だから、大災害、戦争などが起きない限りは考えにくいのだが、若い人を中心に「年金がもらえなくなる」と誤解している人も結構いる。日本政府が破綻したら年金がもらえないどころか、自分の身の安全を真っ先に気にした方がいい。だから銀行預金や不動産だってどうなるかわからない。年金は破綻しないように、しっかりと制度が整っている。

そのうちの一つにＧＰＩＦ（年金積立金管理運用独立行政法人）がある。

これはみんなから年金のために集めたおカネを、投資で運用しているところだ。ざっくり半分は株で運用しており、安倍内閣が株の運用割合を高めた。

ここでも株がギャンブルで怖いと思った人が批判をした。

特に野党や左派系のマスコミは、株が長期投資ならば増える可能性が高く、インフレが起きたら預貯金は目減りするという原則を無視してバッシングを続けた。もちろん、投資だから短期的には大きく下がることがある。

２０１５年度は世界的な株安の影響でＧＰＩＦは5兆円も資産が目減りした。そのため、野党の民進党（当時）は安倍内閣の失政だと批判して「年金損失『5兆円』追及チーム」なるものを大々的に宣伝。左派系のマスコミも民進党の意見を一方的に報じていた。当時、民進党幹部で昨年の東京都知事選で敗れた蓮舫さんはＧＰＩＦで株式投資を少なくするように訴えていた。

そのＧＰＩＦは**2023年度、45兆円もの黒字を出し、資産残高は245兆円に膨れ上がった**。これは年金給付の安定のために毎年、少しずつ使われている。このほかにも年金制度を守る仕組みはいくつもある。

だから、年金破綻という言葉にあまり惑わされてはいけない。

また、２０２４年の年金検証では経済成長しなかった場合に、将来の所得代替率が下がるとの見通しが示された。

しかし、その下落率はよほど経済が悪化しないかぎり、従来の想定の範囲内にとどまっている。年金がもらえなくなるというのも誤りだ。

この所得代替率というのがわかりにくい。これは実際に年金をもらえる額が減らされるという意味ではない。そのときの現役世代の収入に比べて、どのくらいの割合のおカネをもらえるかということだ。

これからはインフレの時代になるだろうから、給料も上がっていく。従って、所得代替率が下がっても、現役世代の収入が上がれば高齢者がもらえる年金の額も増えるわけだ。だから、年金がものすごく減ってしまうという可能性は極めて低い。

そもそも、引退した高齢者は外出が減って交際費や趣味に使うお金も減り、多く食べなくても済むから食費も下がる。住宅ローンを完済したか、多くを返済したという人も少なくない。

もちろん、年を取ると医者にかかることが若いときより増える。しかし、前に挙げた高額療養費制度がある。収入によるが70歳以上の外来診療で年金収入だけなら、年14万4000円以上はかからないケースがほとんどだ。

2024年度の所得代替率は61・2%だから、老後の支出をほぼほぼ賄える。政府が7月にまとめた財政検証では、年金財政は改善傾向にあって、標準ケースでは2057年度でも所得代替率は法律で定めた50%以上は確保できるとの見通しを示している。さらに、厚生年金の保険金は会社が半分支払っている。

国民年金の財源の半分は国庫負担。つまり、消費税などの税金が充てられる。年金が払い損になるという意見は、そもそも年金は老後という事態に備えた保険だから適切なものではないのだけれど、その観点から見ても年金保険料を支払わない方が損することになる。

厚生年金は会社の給料から天引きされるから問題ないけれど、国民年金だけの人は保険料の支払いを拒否する人もいる。その場合、将来、自分に返ってくるはずの消費税が他人の保険料に回ってしまい、自分はもらえないということになるわけだ。

また、厚生年金保険料の半分を会社が払うことをやめて、その分、給料に回してほしいという意見もあるけれど、これも損をする可能性が高い。

なぜなら、赤字の会社でも保険料はきちんと払わないといけないが、全額給料に回ったなら、赤字の場合はあっさり減らされてしまうから。黒字の会社でも、保険料として支払っていた分をすべて給料に回す会社なんていうのは限りなくレアケースになるのではないか。政府はパートや零細企業にも厚生年金を導入する方針を示しており、そうなれば、より多くの人の年金が増えることになる。

よく中高年を中心に「年金だけでは暮らしていけない」という声があるけれど、年金の役割を考えたらそれも当然といえる。

年金は老後の生活資金を100％出すわけでない。前述のように老後の生活費は人によって違うからだ。最低限の生活費を満額出すものは生活保護という別の制度だ。それより、貧困に陥らないよう、家計を支えるというものなのだ。

だから、**年金で足らなければ長く働くか、支出を削るか、それまでに築き上げた資産を取り崩すことが前提となっている**。

ちなみに日本の高齢者の就業率は高く、60代後半は52％、70代前半で34％など、高齢者全体の25％が働いている。これに対してアメリカは19％、ドイツ9％、フランス4％など、国際的に見ても日本の高齢者は働いている。

そもそも、日本の年金制度は世界的に見てしっかりしているといわれ、政府の高齢者白書によると「家計が苦しく、非常に心配である」高齢者は8％しかいない。現状、大部分の高齢者は経済的に暮らせているのだ。

若い世代は多少、年金が減っても資産運用で補えば病気などの例外を除けば、なんとかなる可能性が高い。長期投資は複利の力を十分に使える。

だから、若いうちから投資を始めていけば老後の対策もより万全になっていく。同時に年金という支えは今後もしっかりあるのだから、破綻論者に惑わされて年金保険料を支払うのをやめたり、あせってハイリスクの投資商品を買うなどないようにしたい。年金は破綻しない。

第27の真実
三大支出と向き合う

さて、人生で三大支出といわれるのが「老後資金」「住宅費」「教育費」だ。

このうち、「老後資金」以上に個人によって違うのが「住宅費」と「教育費」。この二つへの向き合い方を考えよう。

まず、「住宅費」は、賃貸か持ち家にするかで全然違う。どちらも有利不利はあるので、自分や家族の現在、そして将来のマネープランを考えることが重要だ。

大切なことは、相続があるかどうか。持ち家率は年齢とともに上がり、65歳以上では8割以上に上る。これだけの人が親から家を相続する可能性がある。親の家は都会か田舎か、家を相続するのは自分か他の家族か、相続した場合、そこに住むのか売却するのか。自分がどれにあたるか考えたい。

都市部なら相続税がどのくらいかかるか、地方だと最近は「負動産」という言葉があるほど、処分に困る場合がある。売りたくても買い手がつかず、経費や固定資産税ばかりがかかってしまう。自分がそこに住んでいなくても、災害や火事が起きた場合には、多額の費用がかかるかもしれない。

そうした資金を親が持っているのか、それとも自分たちで用意しないといけないのか。ただ、相続については老後資金と同様、特に若い世代ほど先の話になるだろうから、長期投資で淡々と積み上げて資産を増やせば、解決できる部分もある。

賃貸か持ち家かについて、よく経済的にどちらが得かなんて話がマネー雑誌に出ている。ぼくはかなり眉唾だと思っている。不動産は場所によって条件が違うから、持ち家で3000万円と家賃月10万円どっちがいいなんて、比べようがないからだ。

賃貸については、会社によっては家賃補助や社宅があるところもある。災害大国の日本では引越しやすいのもメリットだ。デメリットとしては、高齢者は良い物件を借りにくいというのがある。少子高齢化で空き家が全国的に増える中、改善されるかどうか、現段階では何とも言えない。

一方、持ち家は家族の思い出、一国一城の主になったという精神的な満足度では賃貸に大差をつけられる。良い立地だったら、子孫に残すこともできる。低金利が続いたため、住宅ローンは変動金利で0・3％程度まで低下しているうえ、政府の住宅ローン控除を利用すれば、利息よりも住宅ローン控除額の方が多くなる可能性もある。

ただ、長い場合は35年もローンの支払いに追われ、家計の自由度が狭まってしまう。特に最近は親子や夫婦で収入を合算する「ペアローン」も浸透し、年収の10倍のローンも登場しているが、離婚など、ペアローンは将来のリスクに弱いともいえる。

ぼく自身は、安い賃貸を借りて資産運用に回して、資金ができたら中古物件を長期ローンで購入した。賃貸と持ち家のハイブリッドといえる。

日本は欧米と違って、新築信仰が強い。マンションは新築後1年で価格は3割減になるケースもあるともいわれる。もちろん場所によって違うのだが、中古の方が割安ならば、経済的にはこちらの方がお得だ。

ぼくの場合はちょっとイレギュラーで、10年近く賃貸マンションに住んでいたが、家主が高齢化して売却してくれたのだ。もともと借りていたマンションは築年数がかなりたっており、周辺のマンションより2~3割安いうえ、長年、住んでいたこともあって売却価格も3割程度安かった。

古いマンションの場合は、耐震性に問題はないかや修繕費の積み立てがしっかりしているかなどいくつかのチェックポイントがあるが、これもクリアした。

そして、48歳の時に諸経費込み3000万円を30年のフルローンで借りた。当時、資産は6000万円程度あり、ローンを短くすることも、一括で購入することも可能だったが、むしろ3000万円が浮くことで、株式投資をさらに充実させた。結果としていい判断だと思っている。**中古住宅の活用は、検討する価値がある**だろう。

教育費については子供の能力次第。勉強やスポーツ、芸術など秀でたものがあるのだったら、習い事などで多少費用がかかっても応援するというのはありだろう。ただ、本人に能力もやる気もないのに、無理に習い事をするのは効果が薄い。ぼくも小学生のころにピアノを習ったが、正直、まったく役に立ったとは思えない。習い事をさせるのならきちんと精査しよう。

さらに、経済的に余裕がなければ大学まですべて公立に行くなど、教育費を削減することも重要だ。奨学金については、利用者から恨みの声も出ているけれど、現在の日本学生支援機構の第2種奨学金の利率は固定方式で1％ほど。利子のつかない給付型も増えている。金利1％に対して、株式の期待リターンが5％。株式の長期投資をしていれば、返済利率を中長期で上回ることも十分考えられる。奨学金を借りる場合は、そうしたプラスマイナスを考えて、計画的に利用したい。高校生ではまだ早いだろうから、保護者も一緒にしっかり考えることが必要だ。

祖父母が元気だったら、孫の教育資金を一定まで無税で贈与できる特例があるので、検討してみるべきだろう。

一方、長期なら投資のリターンに期待できるのだが、教育費の場合は来年の中学受験、高校3年間の塾代など、使う時期が身近にせまり、かつ年数が限定される場合が多い。その場合、リスク資金だけでは暴落とぶつかったら目も当てられない。個人向け国債や預貯金の活用を考えたい。

学資保険については、10数年前までは条件が悪くないものもあり、ぼくも300万円ほどかけている。しかし、最近は返戻金が元本割れになるのも当然となってきた。

死亡保険（亡くなったら払われる保険）があれば、あえて学資保険を使うメリットは少なくなっているのではないか。

住宅、教育資金にどう向き合うか。自分と家族できちんと話し合って、研究し、結論を出す。長期投資の果実はその際も追い風になることが期待される。

第28の真実
ＦＩＲＥの才能

ところで、最近はＦＩＲＥという生き方がブームだ。

本屋には何冊もＦＩＲＥの体験談が並び、テレビやＳＮＳでも紹介されることが増えてきた。そもそも、ぼく自身が前職をリストラされて、サイドＦＩＲＥ（セミリタイア）を実現している。そこでＦＩＲＥについて考えてみよう。

ＦＩＲＥはもともとアメリカで始まったムーブメント。何人かのブログや本で取り上げられたのが、日本にも数年前から入ってきた。特にコロナ禍で自宅に閉じこもり、人生を見つめ直したときに、働くことがメインの人生で良いのかと考え直す人が世界的に増えたこともあり、流行するようになった。法律で決まっているわけでないから、正確な定義というものはなくて言ったもの勝ちというところがある。

ＦＩＲＥにはいくつか種類があり、大きく分けると早期退職後に仕事をしない「フルＦＩＲＥ」と簡単な仕事をする「サイドＦＩＲＥ」の二つ。

さらに、ライフスタイルによって分類し、退職して一切仕事をしなくても裕福な生活ができる「ファットＦＩＲＥ」、仕事をしないために節約した生活をする「リーンＦＩＲＥ」、資産はあるけどボランティアや好きな仕事をする「コーストＦＩＲＥ」、アルバイトなど手軽な仕事で収入を補填する「バリスタＦＩＲＥ」に分けられる。

またＦＩＲＥ後の生活は、４％ルールが標準とされる。

これは運用しながら資産の４％を取り崩して生活費も４％にすれば、老後に資産が枯渇する可能性が低いというアメリカのトリニティ大学の研究を基にしている。

逆に言えば、生活費の25倍の資産があればＦＩＲＥができるということ。例えば年間生活費が３００万円なら７５００万円、５００万円なら１億２５００万円の資産があればＦＩＲＥできるというわけだ。

しかし、株や不動産といったリスク資産で運営している場合、大暴落もあれば高騰することもあるから、単純に4%ルールを実践するのはなかなか難しいだろう。

ぼくは4%ルールはあくまで参考にして、必要な金額を必要なときに取り出すのがFIRE生活で重要と考えている。

例えば資産1億円の人が必ず400万円を取り崩すわけでなく、生活費が300万円で済んだなら、300万円しか取り崩さない。逆に500万円かかったら翌年の取り崩し額を減らすか、リターンが4%以上になることを祈る、といった具合だ。

4%というと銀行預金からするととんでもなく高くみえるが、ここ30年ぐらいのデータを基にすると国際分散株式投資をしていれば、株高円安の恩恵もあって普通に達成できる水準だ。30年の間にはリーマンショックやコロナショックなどもあり、経済学が発展した今では、この水準から大きく下がることはないと思っている。

「myINDEX」によると2024年10月までの30年、全世界の株式（円ベース）に投資していたらリターンは年平均9・7%、アメリカ株（S&P500）なら円ベースで12・3%。残念ながら日本株（TOPIX）は3・5%で4%ルールを下回ってしまう。だから国際分散投資を勧めているわけで、大きく下がる年があったとしても、

4%ルールで十分に暮らしていける可能性が高い。

ただ、FIREの体験談の中には、それって本当に経済的独立をしているの？と疑いたくなるケースもある。

NHKの番組『ねほりんぱほりん』でFIRE特集をした際に、20代でFIREした男性の運用資産は900万円。朝食は抜いて、他の食事は安い食材を使い、道端の野草すら食べているそうだ。今は体力があっていいけれど、平均寿命まで50年以上ずっと、そうした生活ができるかというとはなはだ疑問だ。

こうした人は経済的独立よりも、仕事や会社が嫌で早期退職を最優先させて、後付けでFIREと言っているようにしか見えない。もし、あと50年こうした生活ができるにしても、それが可能な人間はごくごく一部だろう。ぼくも含めた多くの人は、FIREしても普通の衣食住は徹底したい。逆に、FIRE後も倹約しすぎるのは、本当にFI（経済的自立）なのかと言いたくなる。

2024年5月にネット放送のABEMAでFIRE特集がされた。それによると、「FIREした人の平均資産は3000万円」だという。個々人の支出は異なるとはいえ、3000万円だとFIREで一般的な4%ルールでは年収120万円にしかならない。これでは、単なるＲＥ（早期退職）だけで、これでＦＩを続けるのは無理だろう。

ＡＢＥＭＡに出演したＦＩＲＥ体験者も「生活を切り詰めている人も多い。食費をミニマムにしている人もいる。ある意味サバイバルだ」と話していた。サバイバル好きな人ならいいけれど、長期間、まして一生できる人はどれくらいいるのだろうか。

『ねほりんぱほりん』では、ＦＩＲＥした人が「退職したあとの毎日が楽しくて仕方がない。アイドルの動画を観たり、楽器の演奏を始めたりしている」と言っていた。ところが、その後の追跡取材で「半年ぐらい過ぎてくると、仕事もしてなくてずっと家にいて、徐々に孤独感が募ってきて、社会に自分の居場所がなくなったみたいな感覚」と述べ、ＦＩＲＥを断念。こうしたＦＩＲＥを卒業するケースがＳＮＳでも見られるようになった。

早期退職だけでなく、定年退職した人の居場所がなくて困っているという話はよく聞く。一流企業の幹部が定年後、やることがなくなって老人会に行っても威張ってるため相手にされずますます孤独になるなんていうのは、ネットニュースの良い題材だ。仕事をするからこそ、社会につながっている感覚を持つ人が大半だろう。

すなわち、FIREにも才能がいるということだ。

そもそも**FIREは人生を豊かにするための手段であり、最終目的ではない**。そのことを勘違いせずに、FIREをしたあとに何をするのか、あるいは孤立感、無力感が起きた時に自分が立ち向かえるだけの、仕事をしなくても大丈夫なメンタルの強さや仕事以外の人間関係がしっかりあるのかを事前に想定しておかないと、FIREを卒業する羽目になるだろう。

だから「リーンFIRE」はお勧めしない。メンタルが弱いときにおカネがないと、余計にみじめになるだけ。また、家族がいる場合、説得して賛成してもらうことも重要だ。これも含めてFIREには才能がいるといえる。

ぼくの場合、資産的には働かなくていいのに、娘の教育のために好きな仕事をしているから、「コーストFIRE」といえる。自分では「コースト」の意味がわかりにくいので「サイドFIRE」と言っている。自分自身のメンタルについてはちゃんと想定していたけれど、娘への影響までは考えていなかった。まあ、結果的に「ファットFIRE」はできなかったものの、今の生活で満足しているからよしと納得している。

FIREという言葉にあこがれるのなら、自分にその才能があるかよく考えよう。

第29の真実
資本主義を生きる

さて、人生にとって重要なおカネについて、最低限の知識が得られる内容を書いてきた。ただ、変化が非常に激しい時代では、情勢に応じたアップデートも求められる。

とはいえ、本書は娘を含め投資マニアなどではない「普通」の生活をしている人のためのもの。SNSや書籍での大量の情報に戸惑い、本業の仕事や家庭生活がおろそかになっては意味がない。だから、本書はあくまでも知識を得たい人向けのヒントだ。

投資に関しては、国際分散された長期投資のインデックスファンドが王道なのだから、**余計な情報は無意味**といえる。興味があれば本書をきっかけに、海外を中心にした古典的な名著を読めば見識が広がるだろうが、興味を持たなくても別に構わない。

いろんな投資に関心を持ったので、個別株、さらには不動産や暗号資産といった別の手法を選びたいというのも人生だろう。自分に合った方法は自分で見つけるしかない。

痛い目に合うのも経験と割り切って、他人の言うことを鵜呑みにしない、訳のわからないものに投資しないなど本書で紹介した常識をわきまえて、試行錯誤していけばよいだろう。そして自分でどう解釈するかは自己責任。

投資を始めておカネについて学ぶことで、経済のことをもっと知りたくなる人が多いといわれる。仕事や子供の教育に役立つだろう。

まずは、テレビや新聞で日々のニュースをチェックしてみたらどうだろうか。日経新聞の問題点を指摘したが、全体的な社会、経済の流れを身につけるためには有用だ。テレビだったらＮＨＫのニュースが良い。

ネットだったら、役人用語が多くて読みにくいケースもあるけれど、**官公庁のサイトで一般向けのわかりやすいコンテンツがあるので活用してほしい**。

資本主義社会を生きるために、経済や投資の知識を学び続ける。

私自身が勉強になったと思う書籍を、本書で取り上げなかったものを含め、巻末で簡単に紹介している。読者の皆さんの参考になることを祈っている。

おわりに

資産形成期から、資産取り崩し期に入るのを前にビル・パーキンス著『DIE WITH ZERO 人生が豊かになりすぎる究極のルール』（児島修訳・ダイヤモンド社）という本に出合った。

死ぬときに多額のおカネを持っていてもしょうがない。おカネは手段であり、人生で本当に大切なのは体験、思い出なのだから、死ぬ時は資産がゼロになるようにどんどん使っていろんな体験をしようという内容。

昨年から、遺産を残すよりも、『DIE WITH ZERO』のように、どんどん思い出作りをしている。

なにしろ、50代半ばから支出状況を見ながら徐々に資産を減らしていかないと死ぬときにゼロにならないのに、株高のおかげで2023年、24年は資産が数千万円単位で増えてしまっているのだ。

できれば他人があまりしないことをしようと、夜の東京上空をヘリクルーズで飛んだり、特撮の聖地と呼ばれる栃木県の岩船山で、特撮の撮影を実際に手掛けたスタッフによる爆破体験に参加したり。50代半ばでメイド喫茶や地下アイドルのコンサートに行くというべたなことをした。趣味の映画は映画館で年間400本以上も観ている。

そうしたなか、自分で本を書くというこれまためったにない体験をすることができたのは望外の喜びだ。企画を提案し、編集をしっかりサポートしてくれたJTBパブリッシングの長岡平助さんと茂木琴乃さんには心から感謝している。

今後円安株高が続く弊害として、投資をする人としない人の経済格差が激しくなるだろうということが挙げられる。

松尾芭蕉や西行のように清貧を理想とする思想があり、それに基づいて貧乏でもいいというのならば一つの見識だ。だが、大半の人は貧乏は嫌だろう。

特に、これからの日本の将来を支える若い世代が格差の犠牲になるのは、資産があるおじさんとしては恥ずかしくなる。

そのため、寄付を積極的に行っており、2021年には日本財団が運営する児童養護施設など社会的養護のもとで暮らす子供のための奨学金に、2022年にはイギリスに本部がある国際NGOプラン・インターナショナル・ジャパンの若い女性向けの居場所作り事業にそれぞれ500万円を寄付。

そのほか毎月若者の貧困対策をしているNPOなど5団体に寄付を続けている。偽善と言われるかもしれないが、やらないよりやった方がましだし、このように宣言することで、少しでも多くの人に寄付に関心を持ってもらえればと願っている。

プラン・インターナショナルへの寄付が評価されて、2023年に紺綬褒章を頂いた。これまでの受賞者を見ると古くは新紙幣となった渋沢栄一やパナソニックの創業者の松下幸之助、最近では安室奈美恵さんや中居正広さんら著名人、それに経済界や宗教界で功績のあった人が多い。ぼくのような落ちこぼれサラリーマンは異例だと思う。

こうした精神を続けようと、本書の印税も辞退して、全額をプラン・インターナショナルに寄付することに決めた。

なお、日々思ったことはブログ「夢見る父さんのコツコツ投資日記」(http://yumemirutosan.blog.fc2.com/)に掲載しているので、最新情報のアップデートはこちらまで。

最後にここまで読み進めてくれた読者の皆さん、出版のことを相談して応援してくれた友人、そしてまじめで働き者な妻と、高校入試の勉強が大変なのに、父親の相手をちゃんとしてくれる最愛の娘に何よりも感謝しています。

ありがとうございました。

2025年1月　東山一悟

東山一悟の推薦図書・メディア

・**『臆病者のための億万長者入門』**（橘玲著・文春新書）　資産運用の基本をわかりやすく解説。経済知識も身につく

・**『ほったらかし投資術』**（山崎元、水瀬ケンイチ著・朝日新書）　著名評論家とブロガーによるインデックス投資推しの入門書

・**『投資家が「お金」よりも大切にしていること』**（藤野英人著・星海社新書）　日本最大の日本株ファンドマネージャーがおカネや経済の意義をわかりやすく紹介

・**『FX戦士くるみちゃん』**（でむにゃん原作、炭酸だいすき作画・KADOKAWA）　FXに狂奔する女子大生を描いたコミック。投機家の心理描写は絶品

・**『となりの億り人　サラリーマンでも「資産1億円」』**（大江英樹著・朝日新書）　日本の億り人の生活実態や考え方はどんなものか。資産家になりたいなら読む

べき

・**『投資の大原則　人生を豊かにするためのヒント』**（バートン・マルキール、チャールズ・エリス著、鹿毛雄二、鹿毛房子訳・日本経済新聞出版）　個人の資産運用の世界的権威による投資の入門書。訳文も読みやすい

・**『ウォール街のランダム・ウォーカー　株式投資の不滅の真理』**（バートン・マルキール著、井手正介訳・日本経済新聞出版）　個人の資産運用のバイブル。最新の学説も取り入れているが、やや高度

・**『敗者のゲーム』**（チャールズ・エリス著、鹿毛雄二、鹿毛房子訳・日本経済新聞出版）　インデックス投資がいかに有益か理路整然と解説。やや高度

・**『ピーター・リンチの株で勝つ　アマの知恵でプロを出し抜け』**（ピーター・リンチ、ジョン・ロスチャイルド著、三原淳雄、土屋安衛訳・ダイヤモンド社）伝説のファンドマネージャーが個人向けに投資の基礎をわかりやすく解説

・**『株式投資（第4版）』**（ジェレミー・シーゲル著、林康史、藤野隆太監訳、石川由美子、鍋井里依、宮川修子訳・日経BP）　個人投資家向けに株式研究を学

術的に解説。データは膨大だが、やや高度

・**『サイコロジー・オブ・マネー　一生お金に困らない「富」のマインドセット』**（モーガン・ハウセル著、児島修訳・ダイヤモンド社）　正しい知識、正しい心理で投資や資産形成に向き合う方法を紹介。繰り返し読んでいます

・**『DIE WITH ZERO 人生が豊かになりすぎる究極のルール』**（ビル・パーキンス著、児島修訳・ダイヤモンド社）　死ぬときに多額のおカネを持っていても意味がない。人生で何が重要かよくわかる

・**『となりの億万長者　成功を生む7つの法則』**（トマス・J・スタンリー、ウィリアム・D・ダンコ著、斎藤聖美訳・早川書房）　億万長者の生態を調査した世界的にも貴重な本。シリーズ作は多数ある

・**『父が娘に伝える自由に生きるための30の投資の教え』**（ジェイエル・コリンズ著、小野一郎訳・ダイヤモンド社）　金持ちの父親が娘に教える形式で、FIREやインデックス投資についてまとめている

・**日本経済新聞**　経済情報だけでなく、社会全体の動きを知ることもできる。政治的

にあまり偏りがない

・**日本証券新聞**　国内唯一の投資専門新聞。ＩＰＯの情報や投資データが豊富

・**金融庁ＮＩＳＡ特設ウェブサイト**（https://www.fsa.go.jp/policy/nisa2/）　テキスト、動画を含めてあり、国が初心者向けのコンテンツを充実させている

・**マネクリ**（https://media.monex.co.jp/）　マネックス証券が運営する投資情報サイト。初心者からベテラン向けまで幅広い情報がある

カバーモデル　矢田美雅（JUNES）
撮影　村岡栄治
ヘアメイク　南條由里子

東山一悟（とうやま・いちご）

1969年、東京都生まれ。
91年、筑波大学卒業。同年、メディア企業に入社。
2020年、同社を退職。

投資《とうし》で2億《おく》稼《かせ》いだ
社畜《しゃちく》のぼくが
15歳《さい》の娘《むすめ》に伝《つた》えたい
29の真実《しんじつ》

2025年1月15日　初版印刷
2025年2月1日　初版発行

著　東山一悟

編集人　長岡平助
発行人　盛崎宏行
発行所　JTBパブリッシング
〒135-8165
東京都江東区豊洲5-6-36　豊洲プライムスクエア11階
装丁・デザイン　三上祥子（Vaa）
DTP　朝日メディアインターナショナル
印刷所　大日本印刷

編集内容や、商品の乱丁・落丁のお問合せはこちら
https://jtbpublishing.co.jp/contact/service/

©Ichigo touyama 2025　Printed in Japan　無断転載禁止
ISBN 978-4-533-16375-3　C0033　242773　808980